Ronen Steinke

Der Muslim und die Jüdin

PIPER

Zu diesem Buch

Die israelische Holocaust-Gedenkstätte Yad Vashem hat bis heute mehr als 25 000 mutige Männer und Frauen geehrt, die während des Zweiten Weltkriegs Juden retteten. Diese Geschichte ist trotzdem einzigartig. Unter den »Gerechten unter den Völkern« ist bislang nur ein Araber: Mohammed Helmy. Er lebte in Berlin. Den ganzen Krieg über blieb er in der Stadt. Der Ägypter balancierte ständig auf einem schmalen Grat zwischen Anpassung und Subversion, und er vollbrachte ein wahres Husarenstück, um die Nazis auszutricksen. So rettete er die Jüdin Anna Boros. Dieses Buch wirft ein Licht auf eine fast vergessene Welt, das alte arabische Berlin der Weimarer Zeit, das gebildet, fortschrittlich und in weiten Teilen alles andere als judenfeindlich war. Einige Araber in Deutschland stellten sich in den Dienst des NS-Regimes. Aber eine nicht unbedeutende Gruppe – und von ihr handelt diese Geschichte – bildete einen Teil des deutschen Widerstands gegen den NS-Terror.

»Die eindrucksvoll erzählte Geschichte von der wundervollen Rettung über Religionsgrenzen hinweg.«
Deutschlandfunk

Ronen Steinke ist rechtspolitischer Korrespondent der *Süddeutschen Zeitung.* Der promovierte Jurist recherchiert seit Jahren zu Justizthemen. Seine Biografie über Fritz Bauer, den mutigen Ermittler und Ankläger der Frankfurter Auschwitz-Prozesse, wurde mit *Der Staat gegen Fritz Bauer* preisgekrönt verfilmt und in zahlreiche Sprachen übersetzt. Zuletzt erschienen seine Bücher *Verfassungsschutz, Terror gegen Juden* und *Der Muslim und die Jüdin.*

Ronen Steinke

DER MUSLIM UND DIE JÜDIN

Die Geschichte einer Rettung in Berlin

PIPER

Mehr über unsere Autorinnen, Autoren und Bücher:
www.piper.de

Von Ronen Steinke liegt im Piper Verlag vor:
Verfassungsschutz
Vor dem Gesetz sind nicht alle gleich
Terror gegen Juden
Der Muslim und die Jüdin
Fritz Bauer oder Auschwitz vor Gericht

Ungekürzte Taschenbuchausgabe
ISBN 978-3-492-31424-4
1.Auflage März 2019
5.Auflage November 2025

Für direkten Kontakt und Fragen zum Produkt
wenden Sie sich bitte an: *info@piper.de*

Einbandfotos:
Nachlass Dr. Mohammed Helmy/Familienarchiv el-Kelish, Kairo (links) und
Nachlass Anna Gutman/Familienarchiv Gutman, New York (rechts)
Umschlaggestaltung: zero-media.net, München
Umschlagabbildung: FinePic®, München und Privat
Satz: Fotosatz Amann GmbH & Ko. KG, Memmingen
Gesetzt aus der Minion
Gedruckt von ScandBook in Litauen
Printed in the EU

Für Hannah

INHALT

NAHOST-BERLIN

»Manche Damen halten sich eine Zwergbulldogge. Manche Damen tragen ein Monokel. Manche Damen besuchen Verbrecherkeller. Und manche Damen legen sich eine exotische Religion zu«, schrieb »Rumpelstilzchen«, mit bürgerlichem Namen Adolf Stein, der berühmte deutschnationale Kolumnist des *Berliner Lokalanzeigers*. Über Krishnamurti sei man inzwischen hinaus in der Reichshauptstadt und auch über die Buddhisten, die ihren Tempel im Villenvorort Frohnau besuchten. Aber, schloss Rumpelstilzchen 1928: »Am modernsten und schicksten ist zur Zeit in Berlin-West der Islam.«

Als die Gestapo-Männer im Herbst 1943 in die Praxis des ägyptischen Arztes in Charlottenburg hineinpolterten, sahen sie am Eingang eine muslimische junge Frau. Sie saß an der Rezeption und sortierte Blut- und Urinproben. Volles Gesicht, kluge Augen (»friedevolle Messiasaugen«, hätte bei Rumpelstilzchen gestanden), helle Haut.

Ihre dunklen Locken wurden von einem Kopftuch aus dünnem Stoff zusammengehalten. Wenn sie lächelte, bildeten sich Grübchen. Das geschah recht oft, selbst als nun die Gestapo-Männer auf sie zukamen. »Sie strahlte Energie und Gesundheit aus«, so haben manche sie später beschrieben.

Groß sei sie gewesen, hübsch. Andere taten sich schwer mit einer Beschreibung. Orientalisch. Südländisch. Kopftuch. Was soll man sagen? Gut angepasst sei die junge

Frau eben gewesen, das auf jeden Fall. Dieses Kompliment, das jemand für die muslimische Assistentin des Arztes Dr. Mohammed Helmy fand, war sogar treffender, als die meisten ahnten.

Als die Gestapo-Männer ihre Kommandos bellten – den Chef sprechen, sofort! –, bat die junge Frau, doch Platz zu nehmen, einen Moment zu warten. Der Herr Doktor werde gleich für die Herren da sein, selbstverständlich. Man helfe gern, man wisse, was sich gehöre.

Sie sprach, wie er, akzentfrei Deutsch. Sie trug den arabischen, aber auch für Deutsche leicht auszusprechenden Namen Nadja. Und wenn jemand fragte, woher sie komme, dann erklärte sie: Der Herr Doktor und sie seien verwandt. Sie sei die Nichte.

Die Gestapo-Männer zogen an Schubladen und Schranktüren. Sie rumpelten misstrauisch ins Patienten-Wartezimmer, zogen Vorhänge zur Seite. Vielleicht schnauzten sie jemanden an, er solle seine Papiere herzeigen – und Nadja, für alle sichtbar, half, stets mit einigen Metern Abstand, stets im Hintergrund, wie es von ihr erwartet wurde, unaufdringlich und leise.

Schon seit zwei Jahren rollten die Züge in die Vernichtungslager. Mit einem Marsch der Schande hatte es in Berlin begonnen, an einem beißend kalten Herbsttag, dem 18. Oktober 1941. Damals waren Hunderte jüdischer Männer durch die Straßen von Moabit, Charlottenburg und Halensee getrieben worden, bei strömendem Regen über Straßen, Marktplätze, auch über den Kurfürstendamm, bis hin zum Bahnhof Grunewald.

Nun suchte die Gestapo nach Untergetauchten, die zurückgeblieben waren. Tausende Juden lebten noch versteckt in Berlin, viele irrten ohne festes Obdach umher, schliefen im Freien, unter Brückenbögen oder in den Wäldern, manche fuhren bis Betriebsschluss in der S-Bahn herum und suchten dann die Wartesäle oder Toilettenräume der Bahnhöfe auf, um zu schlafen.

Es war nicht das erste Mal, dass die Gestapo-Schnüffler in dieser Arztpraxis in Charlottenburg aufkreuzten und verlangten, den muslimischen Arzt zu sprechen, und es war auch nicht das erste Mal, dass sie sich mit Nachdruck nach einem ganz bestimmten jüdischen Mädchen erkundigten, das verschwunden sei. Anna.

Herr Doktor wird sich freuen, Ihnen helfen zu können, konnte seine verschleierte muslimische Assistentin gerade noch sagen, bevor die knarzenden Dielen ankündigten, dass der Arzt sie endlich befreien würde aus diesem Gespräch. Ein dunkler, hoch aufgeschossener Ägypter war es, der aus seinem Behandlungszimmer herauskam und den Männern die Hand entgegenstreckte.

Heil Hitler, meine Herren.

»Hier ist der leibhaftige Orient. Beduinen, Derwische, Kairenser, Türken, Griechen und die dazugehörigen Weiberchen und Mägdlein sind in unbestreitbarem Originalzustand vorhanden«, davon war der große Theaterkritiker Alfred Kerr überzeugt, als er sich im sommerlichen Berlin einer kleinen Lehmhütte näherte. Der Duft von nahöstlichem Kardamom-Kaffee mischte sich mit den Rauchschwaden von Berliner Zwei-Pfennig-Zigaretten. Vor der Hütte schmauchten, so schrieb ein weiterer Reporter, »Muselmänner in goldgestickter Seide«. Wobei: »So ganz urwüchsig ist die große Gesellschaft, die wir jetzt den Sommer über im Zoologischen Garten sehen, natürlich nicht mehr«, wandte Rumpelstilzchen ein. Sie »ist vielmehr schon erheblich von der Zivilisation beleckt.« Die Berliner Bevölkerung gab sich ihrer Orient-Faszination in vollen Zügen hin. Aber am liebsten betrachtete sie die Menschen durch die Stäbe eines Zoos.

Araber wurden in Berlin ausgestellt wie exotische Tiere, schon 1896 in einem »Tunesischen Harem«, 1927 in der »Tripolis-Schau«. Auch Kairo und Palästina waren beliebte Völkerschau-Motive. »Ick bitt Ihnen, schuppsen Se doch nich so!«, zitierte ein Reisender in seinem Bericht aus dem Gedrängel. Nur ein Autor der *Allgemeinen Zeitung des Judenthums* wurde auch etwas wehmütig beim Anblick der kleinen Kairo-Kulisse, dieses »orientalischen Bildes, das an so viele biblische Szenen erinnert«, auch an die »glorreiche Vergangenheit und die traurige Gegenwart meines Volkes«.

Juden und Muslime – gerade in den turbulenten Zeiten im Berlin der 1920er und 1930er Jahre waren sie einander derart nahe, entdeckten das Verbindende, kamen gut miteinander aus. Dass es diese Zuneigung gab, war grundsätzlich schon bekannt. Wie weit diese Zuneigung gehen konnte, blieb aber lange unerzählt.

Erst durch neue Funde im Landesarchiv und im Politischen Archiv des Auswärtigen Amtes ist es jetzt offensichtlich geworden: Mitten in der Hauptstadt des Hitler-Reichs versteckten Araber Juden, um ihnen das Leben zu retten. Es ist eine Geschichte, die Mut macht in diesen Zeiten des Hasses.

Wenn heute manche Muslime in Deutschland den Eindruck haben, die Erinnerung an den Holocaust tangiere sie nicht, es gebe da keinen Berührungspunkt mit ihrer eigenen Geschichte, muslimische Migranten kämen darin nicht vor – dann beweist die Geschichte, die in diesem Buch erzählt werden soll, das Gegenteil. Sie basiert auf historischen Dokumenten, auf Entschädigungsakten, Gestapo-Post und Diplomaten-Papieren, auf den persönlichen Nachlässen von Helmy und Anna sowie auf vielen Stunden Gesprächen mit den noch lebenden Kindern und Neffen dieser beiden Hauptfiguren. Sie wirft ein Licht auf eine fast vergessene Welt, auf das alte arabische Berlin der Weimarer Zeit, das gebildet, fortschrittlich und in weiten Teilen alles andere als judenfeindlich war.

Wenn heute manche Juden in Deutschland den Eindruck haben, dass Gegenden mit besonders vielen muslimischen Bewohnern für sie zu No-go-Areas geworden sind, in denen man sich nicht mehr gefahrlos bewegen kann – dann sind die wahren Begebenheiten, die hier erzählt werden sollen, kein Trost. Aber sie beinhalten immerhin die Hoffnung, dass die Dinge wieder anders werden können. Die Geschichte der Muslime in Europa ist älter und facettenreicher, als es oft erscheint.

Es soll nichts beschönigt werden. Unter den Berliner Muslimen der 1930er Jahre dienten sich manche den Nazis an, manche stellten sich in den Dienst des Regimes, halfen mit bei dessen judenfeindlicher Politik und Propaganda oder übersetzten *Mein Kampf* ins Arabische. Aber eine nicht unbedeutende Gruppe unter ihnen bildete auch einen ganz besonderen Teil des deutschen Widerstands gegen die Judenverfolgung. Von ihr, von ihnen und von ihrem Mut handelt dieses Buch.

HAUSBESUCH

Es muss ein Nachmittag im Jahr 1936 gewesen sein, als sie sich zum ersten Mal begegneten, Dr. Mohammed Helmy und das Mädchen Anna. Peinlich berührt folgte sie dem Schauspiel, das an diesem Tag geboten wurde, es sollte ihr noch lange in Erinnerung bleiben wegen der Art, wie sich die Erwachsenen verhielten. Es war geschäftig gewesen draußen auf den Straßen von Moabit, Dr. Helmys Wagen hatte immer wieder halten müssen auf seinem Weg ins Zentrum, zu den Schaufenstern und Reklametafeln des Alexanderplatzes.

In der Neuen Friedrichstraße hielt er vor ihrem großbürgerlichen Haus, stieg aus und klingelte. Hausnummer 77, das Erdgeschoss wurde fast vollständig von einem Obstgeschäft eingenommen. Über den Bürgersteig wehte der Duft frischer Pfirsiche aus Italien, das Kilo zu vier Mark, auch frische Tomaten, das Kilo zu zwanzig Pfennig. Eine ihm unbekannte Dame hatte ihn gerufen.

Die beiden Frauen, die ihn an der Wohnungstür begrüßten, hatten eigens Schmuck angelegt, Brillantringe und Colliers. Der Arzt hatte kaum Guten Tag sagen können, da umschmeichelten sie ihn schon und machten ihm Komplimente. Sie riefen ihre Haushälterin herbei, schnell einen Tee zu servieren für den Herrn Doktor, und ihre ungarische Köchin, eine Kleinigkeit zu essen zu bereiten, eine

Erfrischung für Herrn Doktor, und bitte keine Sorge, Herr Doktor, wir verwenden kein Schweinefleisch in diesem Haus, Sie verstehen?

Anna war erst elf Jahre alt, sie lebte mit den beiden Frauen zusammen, mit ihrer Mutter und Großmutter – und sie traute ihren Ohren kaum, wie ihre Mutter den unbekannten Ägypter hofierte. Die Frauen begannen, ihn auch mit Einladungen zu umgarnen, »um Herrn Doktor im Privaten zu gewinnen«, wie es Anna erschien.

Anna war »nicht der Mensch, der über seinen Kummer spricht«, sagte sie später. Mit den beiden Frauen konnte sie über nichts reden, was sie bedrückte. Als streng empfand sie die beiden, nicht freigiebig. Sie waren hart, vielleicht weil sie es sein mussten. Die Männer in ihrer Familie waren unbeständig geblieben, früh verstorben oder geschieden. So führten die Frauen das Geschäft. Sie geizten mit Komplimenten und Aufmerksamkeiten. Umso merkwürdiger erschien dem Kind nun dieses Theater in der Gegenwart von Dr. Helmy. Die Frauen »machten sich ran«, so nahm Anna es wahr.

Immer wieder riefen sie Anna herbei, obwohl sie mit diesem Arztbesuch nichts zu tun hatte. Anni hier, Panny da. Pannyka!, sagte die Grußmutter, die ungarische *nagymama*, die Nettigkeiten wie Gehässigkeiten stets süß flötend intonierte, *ne álljitt a doktorúrútjába, teddmagadhasznossá!* – Steh dem Herrn Doktor nicht im Weg herum, mach dich nützlich!

Dr. Helmy, der gerade im Begriff war, seinen Mantel abzulegen, hatte sich gar nicht beklagen wollen, dass ihm jemand im Weg stehen würde. Aber Anna verstand genug, um der Großmutter keine Szene zu machen. »Ich wusste mit unseren Verhältnissen genauestens Bescheid«, erinnerte sie sich später. Für Juden hatte es begonnen sehr schlecht zu werden, »die Enteignung der Geschäfte, die Einziehung des Geldes und so weiter«, so Anna. Also blieb sie lieber still.

Die Haushälterin brachte das Teeservice. Sie schlängelte sich vorbei am Klavier und den mit Brokat bezogenen Sofas. Durch das Wohnzimmer mit der Chaiselongue, den zwei Betten, zwei Schränken, drei Läufern. Vorbei an Gemälden, Geschirren, Skulpturen, hin zu dem Raum, den Annas *nagymama* ausgesucht hatte, um sich dort von dem arabischen Arzt untersuchen zu lassen: dem Salon mit der Vitrine, den sechs Sesseln und dem Wandspiegel, den die Großmutter einen »Trumeau« nannte.

Es waren zahlungskräftige Leute, wie Dr. Helmy im Widerschein des Trumeaus bemerken sollte. Möglicherweise auch deshalb hatte man ihn zur Visite hierherbestellt, statt zu ihm in die Klinik zu kommen. In dem Obstgroßhandel unten im Erdgeschoss, der M. Rudnik GmbH, benannt nach Moise »Max« Rudnik, dem zweiten Ehemann von Annas Großmutter Cecilie, herrschten die beiden Frauen über Tonnen von Grapefruits und Wagenladungen von Ananas. Über Personal. Über Hunderttausende Mark an Jahresumsatz. Dem Arzt wird trotzdem gedämmert haben, wie nervös sie waren.

Eine Tonne Weintrauben aus Holland schlug der Betrieb monatlich um. Mit den Judengesetzen war das sehr viel schwieriger geworden, die Zahlungsmoral nichtjüdischer Kunden stellte diesen und andere Betriebe jüdischer Kaufleute vor Probleme. Auberginen aus Italien, Feigen aus Griechenland, Rosinen aus Frankreich, Paprika, Gurken,

Maiskolben und Birnen aus Ungarn: Neuerdings galten für all die Importwege, die das Unternehmen einst groß gemacht hatten, Beschränkungen. Es bedankte sich die brandenburgische Rübe.

In der Zentralmarkthalle, nur ein paar Schritte die Neue Friedrichstraße hinunter, hatte man Schilder angebracht: »Juden ist der Zutritt erst ab zwölf Uhr gestattet.« Also erst dann, wenn gedellte Tomaten und angefaulte Salatköpfe obenauf lagen. Als Annas Mutter, Julie, einmal trotzdem schon morgens um zwanzig vor neun ihre Runde drehte, zeigte ein Händler sie an. Die Polizei brummte ihr 25 Mark Strafe auf. Immerhin, der Import aus der alten Heimat der Familie funktionierte noch. So kamen noch Walnüsse vom Schwarzen Meer in ihre Berliner Auslagen.

Ob man dem Herrn Doktor noch etwas Gutes tun könne und ob er denn wisse, dass man auch aus arabischen Ländern importiere? Annas Mutter Julie redete viel, das tat sie immer, wenn sie verunsichert war. Um Anerkennung hatte sie stets kämpfen müssen. Einst hatten ihre Eltern große Erwartungen in sie gesetzt – Klavierunterricht am Konservatorium. Aber es war Julie nicht entgangen, was ihre Eltern davon hielten, als sie dann auf dem heimischen Klavier hauptsächlich Stücke wie »Morphium« von Mischa Spoliansky spielte oder Shimmys, in

Die elfjährige Anna mit ihrer Mutter und ihrem Stiefvater, 1936

denen sich »Willy in der Nacht« reimt auf »Schwips nach Haus gebracht« oder »ein Kind, das schwarz gelockt ist« auf »ius primae noctis«.

Schon im Jahr zuvor, 1935, hatten die meisten jüdischen Ärzte in Berlin ihre Zulassung verloren, für jüdische Patienten war es nun noch schwieriger geworden. Der muslimische Dr. Helmy war da in einer besonderen Lage: Er war der einzige »Nicht-Arier« in Berlin, der noch eine Position als Klinikarzt innehatte, sogar an einem der größten Krankenhäuser der Stadt, dem Robert-Koch-Krankenhaus in Moabit. Eine kostbare Position, denn so war er auch der Einzige, der noch an vernünftige Medikamente herankam, an Strophantin gegen Herzschwäche, an Salvarsan als echtes Antibiotikum, und nicht nur an jene trüben Gebräue, auf welche jüdische Ärzte zurückgeworfen waren.

Es war also keine wahre Herzlichkeit, sondern Verzweiflung, die Annas Großmutter zu ihrem besonderen Gast so freundlich sein ließ. Und sie verstand auch schon, dass Helmy noch eine andere, dunklere Seite haben musste.

Später würde sie kein gutes Wort über ihn verlieren, kein Wort der Dankbarkeit. Selbst noch nach dem Krieg würde sie in einem Brief über ihn schreiben: »Der Schweinehund bleibt Schweinehund.«

Zu übertriebener Nettigkeit neigte die Großmutter eigentlich nicht, wie Anna wusste; umso irritierender erschien ihr deren überschwängliche Freundlichkeit an diesem Nachmittag. Annas Mutter Julie war nicht unbedingt freiwillig nach Berlin gekommen. In der alten Heimat hatte sie mit dem jüdischen Fabrikbesitzer Ladislaus Boros zusammengelebt. Sie hatten geheiratet, die neugeborene Anna war ihr Geschenk des Himmels. Aber Annas Großmutter Cecilie war damals schon vorgegangen nach Berlin, und sie hatte gewollt, dass sie nachkommt. Also hatte die Großmutter Cecilie von Berlin aus einen Privatdetektiv beauftragt, der Ladislaus Boros der Schürzenjägerei überführen sollte. Der Detektiv tat seine Arbeit, die Ehe zerbrach, und Julie wurde geschieden. Alleinerziehend mit der zweijährigen Anna war sie niedergeschlagen nach Berlin gekommen. So wie Cecilie es geplant hatte.

Beim Besuch des muslimischen Arztes nun, am heimischen Trumeau: nur süßeste Flötentöne. Anna zuckte innerlich zusammen. Die ungarische Köchin stellte das Tablett mit Erfrischungen ab. Nur zu!, ermunterten die beiden Frauen Dr. Helmy, und es hätte Anna nicht gewundert, wenn ihre Mutter sich noch ans Klavier gesetzt hätte, um dem fremden Gast zu imponieren, wie sie es so oft tat. Das ungarische Klavierstück »Schmeichelkätzchen«, so resümierte Anna später bitterböse, hätte sich angeboten.

DER DUFT VON TEE

Annas Großmutter erinnerte sich noch genau an den Tag, als vor ihrem Obstgroßhandel am Alexanderplatz zum ersten Mal SA-Männer herumgestanden und »Boykott!« gerufen hatten. »Kauft nicht bei Juden«, solche Dinge. Es hatte genieselt. Es waren ein paar erbärmliche, bald auch nasse Figuren gewesen, die glücklicherweise wieder abzogen. Die wirklichen Gewalttäter hatte die SA an diesem 1. April 1933 an einem anderen Ort von der Leine gelassen: im Krankenhaus Moabit, wo mehrere Lastwagen des SA-Sturms »33« zwischen den roten Backsteinflügeln aufgefahren waren. Es war jenes Krankenhaus, an dem auch der Ägypter Dr. Helmy arbeitete.

»Sturm 33«, das waren die kampferprobtesten Schläger der Braunhemden gewesen, genannt »der Mordsturm«. Zwei Dutzend von ihnen waren von den Lastwagen heruntergesprungen und ausgeschwärmt. Sie waren auf jede einzelne Station des Krankenhauses gestiefelt, vorgefertigte Listen in der Hand. Sie hatten jüdische Ärzte aus Arbeitszimmern und Operationssälen geholt.

»Erlauben Sie, dass ich meine Patienten noch meinem Oberarzt übergebe?«, hatte der Direktor der neurologischen Abteilung gefragt, Professor Kurt Goldstein, als die SA-Leute in seiner Tür standen. Worauf die Männer brüllten: »Jeder Mensch ist zu ersetzen, Sie auch!«

Die jüdischen Ärzte trugen alle noch ihre weißen Kittel, als die SA-Leute sie auf die im Innenhof bereitstehenden Bretterwagen scheuchten. Man brachte sie in die ehemalige Kaserne in der General-Pape-Straße, wo die Braunhemden sich einquartiert hatten. Alles wurde registriert und säuberlich protokolliert. Die SA kostete das Hochgefühl aus, dass sie sich neuerdings »Hilfspolizei« nennen durfte. Jeder Gefangene bekam einen Laufzettel, auf dem ordentlich Name und Beruf eingetragen waren, als folgte dies alles Regeln. Die »militärisch-bürokratische Ordnung, nach der die Misshandlungen« in der Pape-Straße vor sich gingen, sei fast das Schauerlichste gewesen, erinnerte sich der Schriftsteller Lion Feuchtwanger später. In der Nacht begann im Keller eine Prügelorgie. Auf einige der Ärzte schlugen sie mit Knüppeln so lange ein, bis sie starben.

Am Tag darauf lag das Krankenhaus still da, wie leer gefegt. Die große Mehrheit der Ärzte hier war jüdisch gewesen, gut zwei Drittel, nun waren sie verschwunden. Das war das Besondere an diesem Krankenhaus, das zwischen den Schlaglöchern und Schwarzbrennereien von Moabit gelegen war – inmitten jener Verbindung von Backstein, Plakatsäulen, Feuertreppen und Wäscheleinen, die auf der ganzen Welt das Gesicht der Armenviertel bildeten –, dessen Schicksale das Krankenhaus schon seit der großen Wirtschaftskrise 1929 »überflutet« hatten, wie sich ein Arzt erinnerte.

Für Annas Großmutter hatten die Zweifel an Dr. Helmys Charakter deshalb offen zutage gelegen, als sie zum ersten Mal von ihm gehört hatte, jenem Ägypter, der 1936 noch immer hier arbeitete – drei Jahre nach dieser braunen Razzia. Sie musste nur eins und eins zusammenzählen.

»Jeder Mensch ist zu ersetzen, Sie auch!« Als die SA-Männer dies 1933 gebrüllt hatten, da hatte Helmy offenbar nicht zu jenen gezählt, die ersetzt wurden. Sondern zu jenen, die bereitstanden, um andere zu ersetzen.

Ausgerechnet ein Araber, so wird die Großmutter gedacht haben. Wie eng war die Verbindung zwischen der kleinen Gruppe der Araber in Berlin und der viel größeren Gruppe der Juden gewesen, wie viel hatten Araber in dieser Stadt gerade den Juden zu verdanken. Tausende junger Männer aus arabischen Ländern waren nach Berlin gekommen, die Universitäten der Stadt hatten Söhne aus vornehmstem Kairoer oder Damaszener Hause angezogen.

Als Helmy im Oktober 1922 hier angekommen war, um Medizin zu studieren, hatte die Stadt einen denkbar bizarren Eindruck vermittelt: Die Deutschen hatten gerade ihren Außenminister erschossen, den ersten jüdischen, Walther Rathenau. Es lag eine nervöse Stimmung über der Stadt, die allzeit in Aggression umschlagen konnte. Frauen mit Kopftuch und Schürze schoben Schubkarren mit Geldscheinen vor sich her, die Stadt lag am Boden, die Börse war in ein tiefes Loch gestürzt. »Nach Art der Blätterteigtörtchen«, so erschien es einem ausländischen Besucher, »vervielfältigte sich eine Mark unter dem Einfluss eines unergründlichen Geistes und wurde ein Bündel von tausend Blättern. Die Vervielfältigungsmaschine stand nicht mehr still, in der Berliner Notenpresse arbeiteten Zauberlehrlinge.« Aber all das bedeutete auch: »Man kann gut und gerne für zehn Pfund im Monat seinen Lebensunterhalt bestreiten.« So schwärmte ein ägyptischer Medizinstudent, der schon eine Weile in Berlin war, in einer Kairoer Zeitung. Die Wechselkurse waren für Ägypter traumhaft. Vor allem, wenn sie aus wohlhabendem Haus kamen, wie Helmy, der Sohn eines ägyptischen Armee-Majors.

Wenn seine Neffen aus Ägypten ihn besuchten, zeigte er ihnen nicht nur die Kulturtempel der Stadt, wie etwa die Nofretete-Büste, die seit 1924 auf der Museumsinsel Huldigungen entgegennahm. Er widmete sich auch profaneren Genüssen, den Gourmet-Tempeln etwa. Schweinebraten, Schinken, Wein, nichts war tabu. »Probier ruhig, habibi!« Damit zog er sie auf. »Ich bin Arzt. Das ist gesund.«

Die arabischen Gaststudenten waren begehrt in dieser Stadt, ihnen öffneten sich Türen. Wenn sie am Anhalter Bahnhof ankamen, in messingverzierten Schlafwagen, die sich, von der Südspitze Italiens kommend, leise ratternd nach Norden geschlängelt hatten, dann zogen sich einige deutsche Frauen Sonntagskleider an und fingen sie schon am Bahnsteig ab. Vor allem rund um den Ku'damm, die mondäne Einkaufs- und Flaniermeile, kamen die Gäste aus dem Orient in bürgerlichen Familien unter, ihre Untermiete rettete manche Familie. Hier genossen sie den Blick auf Cabarets, Kaffeehäuser und die stumpfen Hauben der preußischen Schutzpolizei. Manche der arabischen Studenten wurden geradezu adoptiert, so empfanden sie es; auch Helmy hatte an den Wochenenden Verabredungen zum Tennis, Wandern oder Segeln. Und besonders oft waren es jüdische Familien, die sich ihnen öffneten. Teils aus Sympathie, teils aus regelrecht romantischer Sehnsucht.

Es gab da die jüdische Dichterin Else Lasker-Schüler, die als arabischer Prinz kostümiert über den Kurfürstendamm spazierte; in ihren Texten verwandelte sie sich in Yusuf, den Flötenspieler. »Die Winde spielten müde mit den Palmen noch / So dunkel war es schon um Mittag in der Wüste«.

Juden und Araber charakterisierte sie in ihrem Werk *Hebräerland* als Stiefbrüder namens Joseph und Jussuf; es gelte, das Getrennte wieder zu vereinen.

Oder Lew Nussimbaum, in Baku als Sohn eines jüdischen Ölhändlers geboren. Der Dichter nannte sich jetzt Muhammad Essad Bey, seine Bücher waren Gesprächsstoff in den Salons und Kneipen, und zu seinen Lesungen im Café Größenwahn auf dem Kurfürstendamm erschien er mit Turban, Pluderhosen und Ohrringen.

Der Imam und sein Hilfs-Imam hatten, als sie 1925 nach Berlin gekommen waren, anfangs zur Untermiete bei einer jüdischen Familie gelebt, den Oettingers am Kurfürstendamm. Es gab eine lange Tradition unter jüdischen Gelehrten, sich mit arabischer Kultur zu beschäftigen: Abraham Geiger, der liberale Rabbiner, hatte schon im neunzehnten Jahrhundert die arabische Sprache und den Koran studiert, und unter den Gästen bei den offenen Abenden der Moschee in Wilmersdorf waren nun so viele Juden, dass noch 1934 Gestapo-Spitzel berichteten, in dem muslimischen Gebetshaus gebe es »Unterschlupf und Absteigequartier für Kurfürstendammjuden«. Mehr noch: »Bei diesen Zusammenkünften sollen, sofern die Teilnehmer glauben, unter sich zu sein, abfällige Bemerkungen über den Nationalsozialismus und seine Führer gemacht werden.« So offen sprach man untereinander.

Die Moschee mit ihren beiden 32 Meter hohen Minaretten, ihren stilisierten Zinnen und Laternen stand am Fehrbelliner Platz in Wilmersdorf. Ein architektonisches Zitat, eine verkleinerte Version des Tadsch Mahal, eine Nachbildung des indischen Mogul-Baus in Agra. Das Gebäude hatten Missionare aus Lahore in Britisch-Indien 1925 errichtet; Missionare, die mit Gottlieb Wilhelm Leitner zusammenarbeiteten, einem ungarischen Juden, der am Londoner King's College die arabische Sprache und das islamische Recht, die Scharia, lehrte.

Außen war es weiß, innen asiatisch-bunt, ockerfarben, rot und wasserblau, nicht unbedingt nach dem geometrisch-nüchternen Geschmack ägyptischer Sunniten, wie Helmy einer war. Ein »Traum aus Marmor, ein Gedicht aus Stein«, befand hingegen ein rühriger Konvertit, an dessen Jackett das Eiserne Kreuz des Weltkriegsteilnehmers haftete. Chalid-Albert Seiler-Chan, ein deutscher Frontkämpfer, der nach der Heimkehr zum Islam konvertiert war, gehörte zu jenen, die noch erlebt hatten, wie sich die ersten Muslime Berlins zum Beten auf dem Dach der Sternwarte Treptow hatten treffen müssen.

Normalerweise kostete die Besichtigung der Moschee 30 Pfennig. Für besondere Abende aber verschickten die Berliner Muslime in den 1920er-Jahren Einladungen an Diplomaten, Literaten, Gelehrte. Man sang zwischen den türkisfarbenen Fensternischen der Moschee, ein Mann mit Kaschmirschal rezitierte den Dichter Iqbal, den er dem Publikum als Rilke Indiens vorstellte. Vier Tataren vom Ural führten ein Heimatlied auf, durch den Raum kreisten Tabletts mit Tee, Datteln und Halwa.

»Das gedämpfte Feuer bunter Orientteppiche macht den lichten Raum der Moschee noch festlicher«, notierte ein deutscher Zeitungsreporter staunend, den Blick auf das Gewölbe gerichtet. Es war ein Mittwoch im Februar 1931, *Eid al-fitr*, das Fastenbrechen zum Ende des Ramadan, der höchste muslimische Feiertag. Helmy war bereits Assis-

Im Garten der Berliner Moschee, Treffpunkt für Literaten und Gelehrte

tenzarzt am Krankenhaus, eine anstrengende Arbeit, von der er sich in Momenten wie diesen erholte.

Andernorts in Berlin roch es an diesem Abend nach Pulverdampf. Im Abgeordnetenhaus flogen ein paar Sozialdemokraten über eine Zuschauertribüne, Kommunisten hatten sie hinübergeworfen. Die Stadtverordnetenversammlung war in lautes Gejohle und Gebrüll ausgebrochen, der Tumult endete damit, dass ein 22-jähriger Nationalsozialist achtmal mit einem Revolver in die Menge schoss. In der Moschee hingegen – Besinnlichkeit. »Wir sitzen am Teetisch der Moslems«, so schwärmte der deutsche Reporter, der bei ihnen zu Besuch war, »und der Würzgeruch des braunen Tranks mischt sich mit dem leisen Duft der Blumen vor uns.«

Eigentlich hatte Helmy 1931 schon nach Kairo zurückkehren sollen. Seine Familie hatte ihn zurückgerufen, schließlich hatte sie ihm sein Medizinstudium finanziert, und als er nun seinen Abschluss von der Friedrich-Wilhelm-Universität in der Tasche hatte, sollte er nach Hause kommen und die Familie unterstützen. Aber dafür ging es ihm in Berlin bereits zu gut.

Walther Rathenau hatte seine Heimatstadt an der Spree einst »das Parvenü der Großstädte und die Großstadt der Parvenüs« genannt. Aber »dessen brauchen wir uns nicht zu schämen, denn Parvenü heißt auf Deutsch: selfmade man« – und das traf genau das Gefühl, mit dem der junge Dr. Helmy auf sein Leben blicken konnte. In Kairo hätte er von vorn beginnen müssen. Sein Arabisch war eingerostet, die Zunge begann sich bereits zu verknoten, die Worte verflüchtigten sich, man konnte das auch in den Briefen erkennen, die er schrieb. So widersetzte sich Helmy den Rufen seiner Familie und blieb dort, wo er längst angekommen war. So entstand ein gewisser Bruch, vor allem mit seinem ältesten Bruder in Kairo, einem Offizier, der in die Rolle des Familienoberhaupts hineingewachsen war.

Eine der weltweit größten Koryphäen auf Helmys Fachgebiet, der inneren Medizin, war ein vornehmer jüdischer Professor mit weißem Schnauzer, Georg Klemperer, Sohn eines liberalen Rabbiners aus Brandenburg und Bruder des Schriftstellers Victor Klemperer. Er war Chefarzt am Krankenhaus Moabit, und er hatte sich beeindruckt gezeigt von dem ägyptischen Gaststudenten Helmy, von dessen »großer Dienstbereitschaft«. Der Professor war eigentlich bekannt dafür, dass er bevorzugt Juden einstellte, er hatte es wohl als seine solidarische Pflicht empfunden, sie zu fördern. Er sagte, die jüdischen Ärzte kämen anderswo nicht unter. Deshalb nehme er sie. Aber auch den jungen Muslim, einen Außenseiter in der Welt der deutschen Kliniken und Institute, hatte er solidarisch in seinen Kreis aufgenommen.

»Wissen Sie, der Unterschied zwischen einem arischen Arzt und einem jüdischen Arzt ist folgender«, sagte der Professor einmal zu seinen Mitarbeitern. »Der jüdische Arzt sieht seine Arbeit als Dienst an, er ist der Diener der Patienten, und der arische Arzt ist der Kommandeur, er befiehlt.« Zwischen diesen beiden Klischees hatte Klemperer den talentierten jungen Helmy offenbar auf der richtigen Seite eingeordnet. Er gab Helmy, der sich »mit besonderem Eifer der Pathologie des Urogenitalsystems widmete«, immer größere Aufgaben. Anerkennend schrieb er: Er »hat sich in deutsche Sprache und Sitten und in die Sinnesart unserer Bevölkerung sehr gut eingefunden und wurde von den Kranken niemals als ein Fremder angesehen«.

Neben Helmy bekamen noch weitere arabische Medizinstudenten eine solche Chance, Mohammed el-Hadari zum Beispiel, der nebenan in der Frauenklinik bei Dr. Max Hirsch lernte, oder der Syrer Wassil Rasslan, der bald auch die islamische Gemeinde Berlins leitete. Helmys Chef, Professor Klemperer, korrespondierte mit Instituten von

Madrid bis Moskau, er experimentierte auf dem Gebiet der Psychosomatik und zu Placebo-Effekten, damals völlig neuen Forschungsfeldern. Und von seinen jungen Assistenzärzten, dieser kleinen jüdisch-muslimischen Gruppe, ließ er sich dafür liebevoll als Hypnotiseur veralbern:

Suggestion heilt wirklich alles
Vom Fuße bis zum Haupt.
*Suggestion, die heilt auch Dalles**
Wenn man daran glaubt.

Das Lied hatte ein Kollege Helmys für einen Faschingsball im Ärztekasino gedichtet. Auf dem Klavier begleitete ihn der damaligen Oberarzt der Abteilung, Dr. Max Leffkowitz, ein kleiner Mann mit kreisrundem Brillengestell und mühsam gekämmten Locken, der sich gemeinsam mit einem anderen jüdischen Arzt für die tiefroten Freigewerkschaftlichen Ärzte engagierte: mit Alfred Döblin, der heute weniger für seine medizinischen Fähigkeiten erinnert wird denn als Autor des Romans *Berlin Alexanderplatz.*

»Sie kriechen dem Führer ja so in den Arsch«, sagte einer von Helmys Kollegen zu einem Nazi-Arzt, »dass, wenn er keine Bauhinsche Klappe hätte, Sie ihm oben zum Hals wieder herauskämen!« Gemeint war das Rückflussventil zwischen Dickdarm und Dünndarm. Ein Körperteil, das Helmy als Assistenzarzt der I. Inneren Abteilung bestens bekannt war. Dass irgendein Kollege an Dr. Helmys Krankenhaus Sympathien für die Hitlerei äußerte, war bis dahin selten vorgekommen. Wenn doch, war die Reaktion scharf.

* Rotwelsch-Wort für Geldnot, aus dem Jiddischen stammend.

Erst mit der Prügelorgie am 1. April 1933 hatte sich alles geändert. Im Kellergefängnis hatten die SA-Schläger den Oberarzt Dr. Leffkowitz auf allen vieren kriechen, wie ein Hund bellen und »Heil Hitler!« brüllen lassen, dann hatten sie ihn an die Wand gestellt und mit einer Pistole um seine Silhouette herumgeschossen wie ein Messerwerfer auf dem Jahrmarkt.

Wenige Tage später kehrte Max Leffkowitz noch einmal in das Krankenhaus zurück. Er wollte sein Entlassungszeugnis abholen. Einem der verbliebenen nichtjüdischen Kollegen entlockte es nur ein Achselzucken: »Leffkowitz war Jude, aus dem konnten Sie dreie machen.«

Am selben Tag war auch Helmy im Krankenhaus. Auch seine Personalakte lag auf dem Tisch. Gerade 31 Jahre alt, wurde Helmy aber nicht hinausgeworfen wie seine vielen jüdischen Kollegen, sondern zum Oberarzt befördert: auf genau die Stelle, die bis dahin Leffkowitz innegehabt hatte.

Helmy war wohl selbst perplex, dass sie so klar trennten zwischen ihm, dem Muslim, und den jüdischen Kollegen, die ihn so viele Jahre lang gefördert hatten, an einem Krankenhaus, von dem böse Zungen behaupteten, man könne dort nichts werden, wenn man nicht jüdisch sei. Doch ließ er es sich gefallen, dass die Nazis die Früchte ihres Raubzugs plötzlich auch mit ihm teilten. Er nahm eine der, wie die SA sagte, »frei gewordenen« Doktorandenstellen und ein Stipendium der Friedrich-Wilhelm-Universität, und er protestierte auch nicht, als die neuen Herrscher verlangten, dass er alle Beziehungen zu den vormaligen jüdischen Kollegen abbrach. Seine langjährigen Weggefährten mögen ihn fassungslos angesehen haben. Helmy kam aus ihrer Mitte. Aber jetzt setzte er seinen beruflichen Aufstieg ohne sie fort, ließ sich von der braunen Welle mit nach oben spülen, während dieselbe Welle sie nach unten riss. Ob es sich auch für Helmy selbst anfühlte wie Verrat?

Es hatte jüdisch-muslimische Liebschaften gegeben, in der Moschee wurden gemischte Paare verheiratet, zum Beispiel 1928 der Student Kwaja Abdul Hamid mit seiner Luba. Es waren Juden zum Islam konvertiert, das junge Künstlerpaar Leopold Weiß und Elsa Schiemann-Specht etwa: Zurück von einer langen Reise durch den Nahen Osten, saßen sie in der U-Bahn stumm einem Geschäftsmann gegenüber, der seine Brieftasche auf dem Schoß umklammert hielt. Geiz, Härte, Geistlosigkeit; alles, was das politisch irrlichternde Europa 1914 bis 1918 an den Rand des Verderbens gebracht habe, sahen sie in ihm verkörpert, wie sie später behaupteten. Genau in diesem Moment wollen sie den Entschluss gefasst haben, zu Muhammad und Aziza Asad zu werden, zwei neuen Mitgliedern für die kleine, aber stetig wachsende muslimische Gemeinde der Hauptstadt. Asad bedeutet »Löwe«.

Selbst der Geschäftsführer der Moschee in den Zwanziger- und Dreißigerjahren war ein konvertierter Jude. Der dunkle Schnauzer verlieh ihm etwas Strenges, die aufgerissenen Augen aber auch etwas kindlich Verdutztes. Dr. Hugo Marcus war ein Schriftsteller aus Ostpreußen, schon mit 24 Jahren hatte er seinen ersten Bucherfolg gefeiert. Unter dem Titel *Meditationen* entwarf er darin den Traum von einer Erneuerung Europas durch Laienpriester der Brüderlichkeit. Er war zum Islam übergetreten, zugleich aber Mitglied der Berliner Jüdischen Gemeinde geblieben. Denn er sah keinen Widerspruch zwischen diesen beiden Religionen, die sich so ähnlich seien in ihrem klaren Monotheismus, ohne Erweiterung um einen Gottessohn, auch ohne die Macht einer Kirche. Mit der Annahme des Islam habe er seine Weltsicht einfach beibehalten können und zusätzlich Zugang zu einigen bahnbrechenden Denkern der Menschheitsgeschichte gewonnen.

Hugo Marcus, der sich jetzt Hamid nannte, war auch politisch aktiv, er warb für die Abschaffung des unseligen Straf-Paragrafen 175, mit dem homosexuelle Männer in Deutschland verfolgt wurden und den die Nazis noch drastisch verschärfen würden. Er war regelmäßiger Autor der Zeitschrift *Sexus* von Magnus Hirschfeld sowie – unter dem Künstlernamen Hans Alienus – der Homosexuellenzeitschrift *Der Kreis.* Einmal hatte er seinen Freund, den Sexualwissenschaftler Magnus Hirschfeld, auf eine Kunstausstellung begleitet und ihm dort ein Porträt gezeigt, das die feministische jüdische Malerin Julie Wolfthorn von ihm angefertigt hatte.

Als einmal Rumpelstilzchen, der Kolumnist, in die Moschee kam und nach der Rolle der Frau im Islam fragte, da antwortete ihm der Imam Dr. Abdullah auf Deutsch: Der Islam sei die erste Religion, die der Frau die gleichen Rechte einräume wie dem Mann. »Da lachen wirklich die Hühner«, entgegnete Rumpelstilzchen, »in der Türkei ist erst heute die Frau frei geworden, nachdem Kemal Pascha den Islam an die Wand gedrückt hat.« Aber so sahen sie in Berlin ihren islamischen Glauben: weltoffen, kosmopolitisch, fortschrittlich.

Und in der *Moslemischen Revue* beschwor Hugo »Hamid« Marcus die jüdisch-muslimische Verwandtschaft, indem er schrieb, dass der jüdische Philosoph der Aufklärung, Baruch Spinoza, »mit dem Islam schon durch seine Abstammung verbunden« gewesen sei, »insofern Spinoza nämlich aus dem holländischen Judentum hervorwuchs; und die holländischen Juden sind die aus Spanien vertriebenen Nachkommen jener Juden, die unter der Herrschaft des Islam in Spanien ihre glücklichsten Tage sahen. Die maurischen Moslems in Spanien erschlossen ihren jüdischen Brüdern willig ihre geistigen Schätze und ihre hohe philosophische und wissenschaftliche Kultur. Kein Wunder, dass in den nach Holland vertriebenen Nachkommen jener Juden noch das Geistesgut lebendig war, das ihre Vorfahren den Moslems verdanken.«

Und nun? Der geprügelte Dr. Leffkowitz verließ 1933 Deutschland mit seiner Frau in Richtung Palästina. Professor Klemperer ging in die USA. Es waren »Stellen frei geworden«: So verschleiernd drückte Helmy sich in späteren Jahren aus, wenn er über seinen plötzlichen Karrieresprung in diesem Jahr sprechen sollte; vielleicht verschämt, vielleicht verlogen.

Auf Schwarz-Weiß-Fotos, die zwischen 1933 und 1937 aufgenommen wurden, sieht man ihn umringt von den neuen, braunen Medizinern, die rasch die von den jüdischen Ärzten hinterlassene Lücke füllten. Die Männer standen eng beieinander. Einige grinsten breit und herausfordernd, hatten die Arme verschränkt. Hauptsächlich aus den Reihen der SA und SS kamen die vielen neuen Gesichter. Aus dem einst »jüdischsten« Krankenhaus der Stadt war fast über Nacht das braunste geworden. Manche waren von Schmissen vernarbt wie Dr. Heinrich Teitge, der SS-Standartenführer, der als Oberarzt die nun verwaiste I. Innere Abteilung Professor Klemperers übernahm, als direkter Kollege Helmys, der dieselbe Position in der II. Inneren Abteilung übernahm. Nur ein paar Jahre später, und Teitge würde »Gesundheitsminister« der Regierung Frank im Generalgouvernement Polen sein, zuständig für die »sanitären Anlagen« in den Vernichtungslagern Treblinka, Sobibor und Majdanek.

Auf dem Foto tragen alle Ärzte den gleichen weißen Kittel. Die Hierarchie ist trotzdem klar. Alle stehen, nur einer sitzt: Dr. Helmy, den Blick in die Ferne gerichtet. Still, gravitätisch. Der Araber als Chef der Nazi-Ärzte. Erstaunlich, wie lange das gut ging. »Der Chef erschien bei Visiten auf den Stationen wie ein Gott«, so erinnerte sich einer der damaligen Moabiter Mediziner, »umringt von seinen jüngeren Assistenten, die seine Aussprüche eifrig auf Schreibblöcke notierten.«

»ARTVERWANDTES BLUT«

Mancher Oberschwester flog bald die Haube vom Kopf vor lauter Heil-Hitler-Rufen. »Ärzte in Uniform mit dem weißen Kittel darüber« tosten über die Flure des Krankenhauses, »die fachlich überhaupt nichts konnten«, mokierte sich eine der Schwestern heimlich. Die neuen Kollegen brachten »eigenwillige Behandlungsmethoden« mit, »die sehr häufig Patienten in Lebensgefahr brachten«, wie sich der Ägypter in ihrer Mitte schaudernd erinnerte.

Helmy wusste: Als die SA-Leute am 1. April 1933 seine jüdischen Kollegen aus den Zimmern gezerrt hatten, da hätten sie am liebsten auch ihn mit vor die Tür gesetzt. Die »Personalbereinigung des fast rein jüdischen Krankenhauses«, wie der NS-Personalkommissar es nannte, hatte auch vor diesem »Nicht-Arier« nicht haltmachen sollen.

Die meisten Nazis hatten noch die Sätze aus *Mein Kampf* präsent, alle Araber seien minderwertig und ihr antikolonialer Kampf gegen Franzosen und Briten eine »Koalition von Krüppeln«. Darin schrieb Hitler: »Als völkischer Mann, der den Wert des Menschentums nach rassischen Grundlagen abschätzt, darf ich schon aus der Erkenntnis der rassischen Minderwertigkeiten dieser sogenannten ›unterdrückten Nationen‹ nicht das Schicksal des eigenen Volkes mit dem ihren verketten.« Der NSDAP-Ideologe Alfred Rosenberg hatte in seinem Buch *Mythus des 20. Jahr-*

hunderts die Unterwerfung der Araber unter den Stiefel Europas ausdrücklich begrüßt.

Helmy hatte eine deutsche Freundin, Emmy Ernst, eine Arzthelferin. Wenn sie an seinem Arm durch die Straßen Berlins ging, folgten dem Paar schiefe Blicke. Er stets in feinem Tuch und mit Hut, sie deutlich jünger als er. Es kam vor, dass arabische Studenten angegriffen wurden, wenn sie deutschen Frauen den Hof machten. In Tübingen erlebte dies ein Gaststudent, Fuad Hasanayn Ali, als ihn im Februar 1934 ein Mann in einem Tanzcafé beschimpfte, er sei »schwarz, von niedriger Rasse und … deshalb nicht berechtigt, mit einer deutschen Dame zu tanzen«.

Helmys Freundin war fröhlich und aufgeschlossen, mit ihrem teuren Schmuck und taillierten Jacketts strahlte sie Selbstvertrauen aus. Aber zu einer Zeit, in der kahl geschorene Mädchen durch Dörfer geschleift wurden, umgehängt ein Schild: »Ich bin im Ort das größte Schwein und lass mich nur mit Juden ein«, war sie auch mutig.

Als die NS-Regierung 1935 jenes Netz auswarf, mit dem sie ihre Mordopfer einfing, die Nürnberger Rassengesetze, da erlebte Helmy erstaunt, wie sie die Muslime aussparte. Wo es in Schwimmbädern anfangs geheißen hatte: »Für Fremdrassige verboten«, präzisierten die Nazis kurz darauf: »Für Juden verboten«. Die Botschaften arabischer Länder in Berlin waren alarmiert gewesen, jetzt waren sie beruhigt. Als die NS-Justiz loszog, »Blutschande« zu wittern und Strafverfahren einzuleiten, waren Helmy und Emmy in Angst. Aber es geschah etwas Ähnliches.

»Artverwandtes Blut«, so hatten die juristischen Kommentatoren der Hitler-Regierung festgelegt, könnten eigentlich nur Europäer haben. Allenfalls noch Türken, mit denen man im Ersten Weltkrieg verbündet gewesen war. Aber Araber wie Helmy? Hitlers Bürokraten zählten die Völker des Nahen und Mittleren Ostens eigentlich nicht mehr zu den akzeptablen Völkern, berichtete das Magazin *Le Temps* am 14. Juni 1936 aus vertraulichen deutschen Regierungsquellen. *La bourse égyptienne* übersetzte die Nachricht im Juni 1936 empört in die Schlagzeile, Ägypter würden in Deutschland den Juden gleichgestellt werden. Aber das Auswärtige Amt bemühte sich sofort, zu beschwichtigen. Die Rassengesetze richteten sich nur gegen Juden, versicherte man. Muslime sollten unbesorgt sein.

»Artverwandt« oder »artfremd« – aus logischen Gründen konnte das NS-Regime die Araber nur entweder der einen oder der anderen Seite zuschlagen, eine dritte Kategorie gab es nach dem Konzept der Nürnberger Gesetze nicht. Und so wanden sich deren Juristen so lange, bis sie sich in der Logik ihrer eigenen Rassenlehre vollends verheddert hatten. Bei einer Besprechung aller beteiligten Ministerien im Auswärtigen Amt am 1. Juli 1936 legte man fest, dass Araber, wennschon nicht »artverwandt«, so doch Europäern »gleichgestellt« sein sollten.

So war sichergestellt, dass Araber wie Helmy nicht das Schicksal von Juden teilen würden. Und so musste Helmy seine Beziehung zu Emmy nicht verstecken, er konnte sogar beruflich aufsteigen, während ringsherum seine jüdischen Kollegen auf der Straße landeten und misshandelt wurden. Die NS-Strategen bemühten sich, Muslimen wie ihm die Annäherung an das Regime zu versüßen, deshalb musste die braune neue Krankenhausleitung ihn widerwillig sogar zum Oberarzt befördern und mit der Führung einer Station betrauen.

Dem »gemischten« Paar folgten schiefe Blicke: Helmy mit seiner deutschen Verlobten Emmy auf den Straßen Berlins

Es waren die Strategen im Hintergrund, die Planer kommender Kriege in den Ministerialstuben, die ihr braunes Fußvolk anhielten, sich zu zügeln. Dies war die Geschichte hinter Helmys überraschendem Karrieresprung im Frühjahr 1933: Helmys Anstellung als Arzt am Moabiter Krankenhaus sei, wie sein Vorgesetzter 1934 festhielt, »auch im Interesse des Deutschtums im Auslande nach den Mitteilungen des Auswärtigen Amts und der (ägyptischen) Gesandtschaft sehr erwünscht«. Auch wenn die Versuchung groß sei für die SA-Männer – man solle sich zurückhalten.

Es war Kalkül: Die Nazi-Führung wollte die muslimische Welt politisch auf ihre Seite ziehen. Das, was der Partei-Ideologe Rosenberg als »heftige geistige Angriffsstimmung in den islamischen Zentren« bezeichnet hatte, »geführt vom fanatischen Geiste Mohammeds«, wollte das Reich sich zunutze machen. Nun, da sich der Blick der NS-Strategen auf Kriegsvorbereitungen und mögliche Bündnisse an den Rändern Europas richtete, erschienen Muslime als reizvolle Partner gegen die Rivalen Frankreich und England – während zugleich auch dort, in Paris und London, die Regierenden heftig um den Orient buhlten und zum Beispiel plötzlich begannen, Moscheen zu finanzieren.

Jegliche Hinweise auf Ähnlichkeiten zwischen dem Islam und dem Judentum, etwa die Speisevorschriften oder die rituelle Beschneidung, über die sich Blätter wie der *Stürmer* schon geifernd hergemacht hatten, galten nun als unerwünscht. Hitlers Propagandaminister Goebbels hatte die Presse ermahnt, Schmähungen gegen Muslime seien zu unterlassen. Stattdessen sei der Islam als antibolschewistisch und antisemitisch zu loben. Wobei: Von »antisemitisch« sprachen die Nazis schon bald nicht mehr, um Araber nicht vor den Kopf zu stoßen, die sich durch das Wort »semitisch« mitgemeint fühlen konnten.

Man hatte den Begriff der Linguistik entnommen. Das Hebräische und seine beiden Kinder, das Aramäische und das Arabische, sind semitische Sprachen; aber Menschen, die sie sprechen, sind deswegen noch keine »Semiten«. Von 1935 an verwendete das Regime nur noch den Ausdruck »antijüdisch«. Die Regierungsstelle für »Antisemitische Aktion« benannte man um in »Antijüdische Aktion«, und auch die Zeitungen, so hatte es Goebbels verfügt, sollten das Wort »Antisemitismus« aus ihrem Vokabular streichen.

Emmy neckte ihren Verlobten Helmy manchmal, er sei doch deutscher als die meisten Deutschen, so pünktlich, präzise und ernst, mit seinen dunklen Anzügen und seinem Mercedes. Selbst von Emmys Liebe zu Hunden habe er sich ja anstecken lassen. Sie riet ihm, anstelle seines Vornamens Mohammed lieber seinen Spitznamen aus der Kindheit zu verwenden, Mohd. Die Berliner sollten nicht immer gleich an Koran und Mohammedaner denken, wenn sie ihn ansprachen.

Mohammed war ein Allerweltsname in der arabischen Welt, aber ein schwieriger Name in Deutschland, mit einem für deutsche Ohren pathetischen Klang wie Jesus. So wurde aus Mohammed kurz Mohd, und nach dem Krieg noch kürzer: Mod. Helmy bemühte sich, diesen Spitznamen überall einzuführen, schrieb »Mohd« unter seine Doktorarbeit, in neue Ausweise und auf Briefpapier, obwohl ihn die Behörden in Ägypten wie in Deutschland ungerührt weiter als Mohammed führten.

Vielleicht hatte Helmy anfangs sogar versucht, im neuen politischen Strom mitzuschwimmen, zumindest für eine kurze Zeit. Noch 1934 beurteilten ihn seine Vorgesetzten im Krankenhaus nicht als störend neben den vielen Emporkömmlingen aus SA und SS. Sie sahen in ihm einen wendigen Profiteur. »Obwohl Ausländer, bewies Herr Dr. Helmy in seinem ganzen Verhalten eine durchaus prodeutsche Gesinnung«, schrieben sie. Er »beteiligte sich an allen nationalen Bestrebungen, soweit es ihm möglich war, in sympathisierender Weise.«

NARRENFREIHEIT

Helmy wäre ja gern ein kollegialer Typ gewesen. Aber wie sollte das gehen, bei diesen neuen Kollegen? Er war entsetzt: Auf einmal starben reihenweise Patienten nach Routineeingriffen wie Blinddarm- oder Gallenoperationen, was vorher so gut wie nie vorgekommen war. Ein großer Teil der neuen, braunen Amtsärzte, die den Patienten Schwachsinn bescheinigten, bewegte sich selbst »an der Grenze des Schwachsinns«, wie einer der Assistenzärzte später spottete.

Nach welchen Kriterien die neuen Mediziner 1933 eingestellt worden waren, hatte die SA selbst beschrieben: »Nachdem die Mauern der liberalistisch-marxistisch-jüdischen Festung durch zähes Ringen niedergelegt sind, gilt es, die alten Kämpfer, die diesen Sieg errangen, an allen Stellen des nationalen Neubaues einzusetzen … ganz allgemein wird dabei häufig der Fehler gemacht, auch vom SA-Mann in erster Linie besondere fachliche Kenntnisse und Erfahrungen zu verlangen … Ein Verlangen, dem meist nicht entsprochen werden kann …«

Die Folgen dieser Politik wurden sogleich in der Abteilung Chirurgie sichtbar, deren neuer Chef eigentlich Sportarzt war. Sein wichtigster Erfüllungsgehilfe, der Oberarzt der Chirurgie Dr. Kurt Strauß, war ein SS-Sturmbannführer »und eine absolute Null«, wie eine Krankenschwester sich später erinnerte. »Strauß war ein völlig unfähiger Operateur.« Er nähte einem Patienten versehentlich den Darm an die Bauchwand, woran dieser verstarb. Einem Patienten, der einen Löffel verschluckt hatte, öffnete er den Magen bei örtlicher Betäubung, der Mann stöhnte bei jedem Schnitt und jedem Nadelstich auf. Dr. Strauß nähte die Bauchdecke gar nicht mehr zu, weil der Patient solche Schmerzen hatte, sondern beließ es bei einer Tamponade. Der Patient war ein politischer Häftling, den man aus der Untersuchungshaft gebracht hatte. Als der SS-Chirurg am nächsten Tag mit der Pinzette in der Wunde herumstocherte, sagte er: »Na, aus Ihnen wird auch noch ein guter Deutscher werden.«

Ein Sadist. Helmy sprach das so aus. Er wies die jungen, unerfahrenen braunen Ärzte zurecht, wenn sie Patienten misshandelten, er scheute »nicht davor zurück, das Ansehen deutscher Ärzte vor den Kranken und dem Pflegepersonal herabzusetzen«, notierte ein NS-Chefarzt, dessen Verärgerung wuchs. In anderen Zeiten mag ein Krankenhaus ein Refugium fernab der Politik sein, ein Ort, an dem Fragen der Ideologie außen vor bleiben. In diesen Zeiten aber wurde Helmy gerade hier politisiert.

Falls er zunächst Respekt vor den Braunen empfunden haben sollte, blieb davon bald wenig übrig. Falls sein Gefühl der intellektuellen Überlegenheit gegenüber den Nationalsozialisten noch Bestätigung gesucht haben sollte, so fand er diese jetzt hundertfach. Und je mehr ihn die Vorgänge im Krankenhaus anzuwidern begannen, desto klarer erinnerte er sich der alten jüdisch-muslimischen Gemeinschaft, die hier bis 1933 floriert hatte.

Das muslimische Berlin war eine Welt der Gebildeten gewesen: Die *Moslemische Revue*, das Organ des Moscheevereins, notierte stolz, dass schon Albert Einstein, Martin

Buber, Martin Niemöller, Thomas Mann und Hermann Hesse zu Veranstaltungen der Gemeinde gekommen waren. »Wenn ich rechne und sehe ein winziges Insekt, das auf mein Papier geflogen ist«, so schrieb Albert Einstein noch im Jahr 1952 in einem Brief, »dann fühle ich etwas wie: Allah ist groß und wir sind armselige Tröpfe mit unserer ganzen wissenschaftlichen Herrlichkeit.« Ein Zitat, das zwar nicht Identifikation, aber Sympathie und Respekt des einstigen Moschee-Gasts offenbart.

Man teilte die Sehnsucht nach dem alten Orient und dem vergleichsweise guten Miteinander der Religionen dort. »Mit jugendfrischer Wissbegierde las man in Bagdad aristotelische und platonische Schriften.« So schwärmerisch schrieb ein Autor der *Moslemischen Revue* über das historische Kalifat von Bagdad im 10. Jahrhundert nach Christus, »gestützt auf Euklid und Ptolomaios trieb man dort Mathematik und Astronomie, mit Hippokrates und Galen« – dem altgriechischen Pionier der Anatomie – »trat man ans Krankenbett!« Diesen Geist wussten auch Helmys Professoren zu schätzen. Im Juni 1929 feierten sie in den Räumen der Charité den tausendsten Geburtstag des arabischen Mediziners Abu'l-Kasim, eine Verneigung vor der Tradition der muslimischen Gäste. Der Inhaber der Großrösterei »Mokka«, Hamid Abu'l-Kasim, spendierte Kaffee.

Man hatte sich abends in Kulturvereinen getroffen, in Gesellschaften und Diskussionskreisen, bei Lesungen, Vorträgen und Konzerten. Der eine Diskussionskreis war konservativer, der andere liberaler. Der eine war scharf antikolonialistisch, der andere behutsamer. Man konkurrierte, man überzog sich mit Kritik, man publizierte um die Wette. Ein ganzes Dutzend muslimischer Zeitschriften erschien zu dieser Zeit in Berlin, größtenteils auf Deutsch.

Im Orient-Klub in der Kalckreuthstraße wurde diskutiert, im Lokal des Islam-Instituts in der Fasanenstraße 23 wurde getanzt. Fast hätte man dieses Institut für einen klassischen europäischen Herrenclub halten können, mit Fischgrätenparkett und einem Kamin aus Marmor – wenn nicht der Stifter dieses Hauses in seinem Übereifer die Wände mit Pyramiden, Palmen und sogar Kamelen hätte bepinseln lassen. Der Kaiser persönlich hatte seinen arabischen Gästen einst den Bau spendiert. Viele Jahrzehnte später sollte hier das Berliner Literaturhaus einziehen, noch heute ist es darin zu finden.

Zu Helmys Zeiten traf sich hier die 1924 gegründete Studentenvereinigung Islamia, und diese protestierte denn auch gegen die rassistischen Völkerschauen, mit denen die Zoos noch immer Kasse machten. Woraufhin ein Zeitungskommentator seufzte: »Ohne Zweifel hat die Berliner Bevölkerung sehr viel von sich aus dazu beigetragen, dass der Orientale hier den ihm anerzogenen Respekt vor jedem Europäer vernachlässigen lernte.«

Wenn nun einer der braunen Ärzte dem Kollegen Helmy im Streit vorhielt, er sei »ein Gast, der die deutsche Sprache nur mangelhaft beherrschte und nicht fähig war, Schriftstücke in deutscher Sprache abzufassen«, dann war das blanker Unsinn: Helmy schrieb Briefe in elaboriertem Deutsch, seine Aussprache war praktisch akzentfrei. Er hatte in den Weimarer Jahren bei den berühmtesten Professoren gelernt, er hatte schon in Ägypten die besten Schulen besucht.

Der Muslim unter Nazi-Ärzten: Helmy im Krankenhaus Moabit

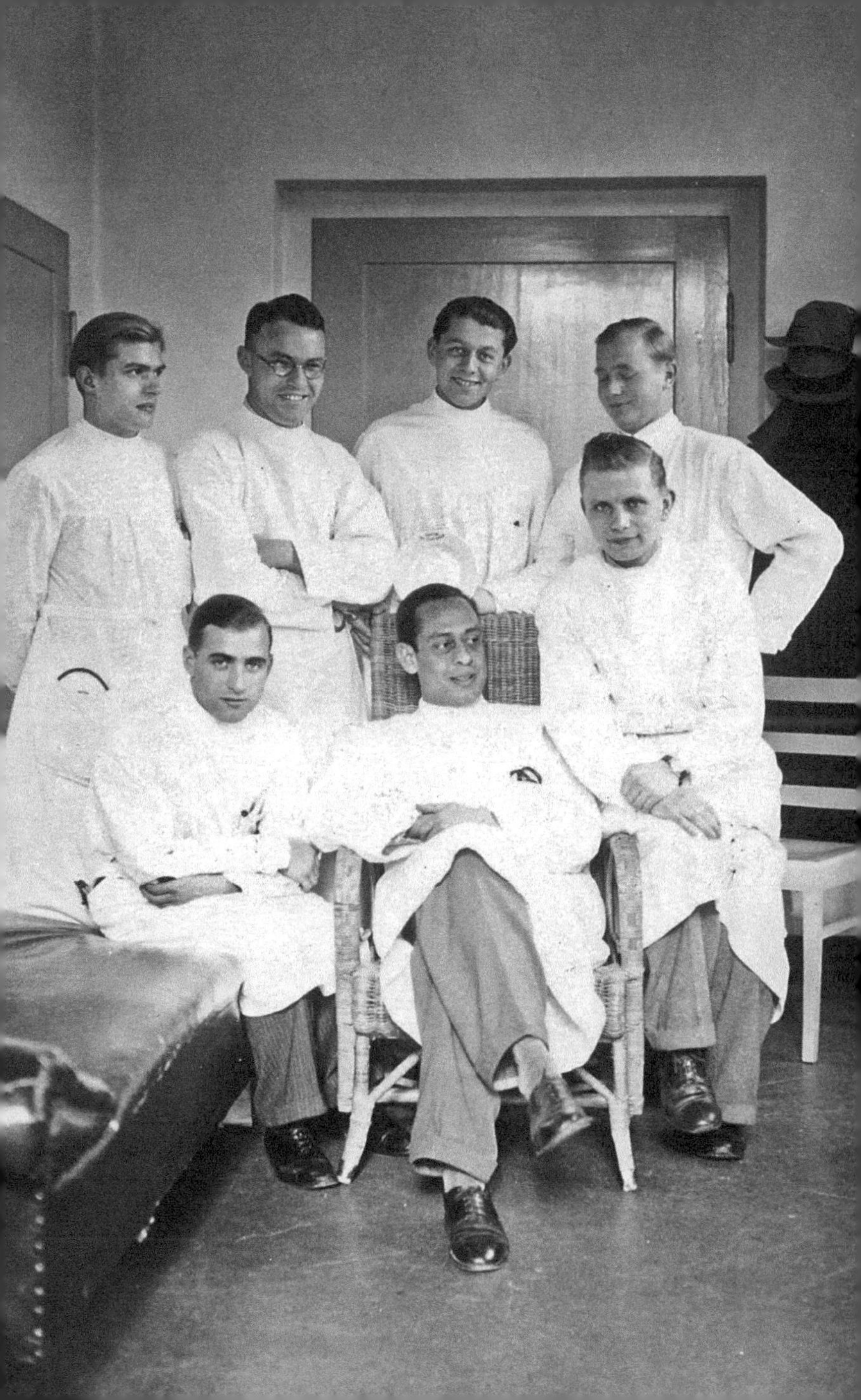

In seiner Familie waren alle Männer Offiziere, mit deren schneidigem Ton kannte er sich schon länger aus als die meisten SA-Ärzte. Sein Abitur hatte er an der Saideya-Oberschule in Gizeh abgelegt, der mit Kairo verwachsenen Stadt – an einer Schule, in der Bilder von Ministern und Generälen hingen, die dort einst Schüler gewesen waren.

Seine Wochenenden in Berlin verbrachte Helmy nicht in den »Bierkirchen und Würstelpalästen«, über die schon Walther Rathenau gewitzelt hatte, sondern mit Büchern, und auf dem Tennisplatz am Hohenzollerndamm, wo man regelmäßig auch den jungen Imam der Wilmersdorfer Moschee traf, Dr. Muhammad Abdullah, mit seiner indischen Frau.

Der gute Ruf des Moabiter Krankenhauses verfiel unter den neuen Herrschern schnell. Es kam so weit, dass Krankenfahrer den Patienten empfahlen, sich bloß nicht dorthin bringen zu lassen, sondern sich anderswo unters Messer zu legen. Auch in Dr. Helmys eigener Abteilung, bei den Internisten, erfassten die Kollegen bereits Skrupel. Sie bemühten sich, ihre Patienten eher in andere Krankenhäuser zu schicken als innerhalb des eigenen Hauses in die Chirurgie zum berüchtigten Dr. Strauß. Dass diesem trotzdem nicht die Arbeit ausging, lag bald nur noch an den Erbgesundheitsgerichten. Sie schickten dem SS-Chirurgen die Gestrauchelten Moabits. Zur Sterilisierung.

Einmal überwiesen sie auch ein 16-jähriges Mädchen aus einem Erziehungsheim, in dessen Akte es zur Begründung schlicht hieß: »Sie trieb sich bis spät abends mit Jungens umher, besuchte Rummel, tanzte dort, kleidete sich auffallend … Da sie einer ausreichenden Erziehung entbehrte und infolge ihrer geringen geistigen Entwicklung das Verwerfliche ihres Verhaltens nicht einzusehen vermochte, konnte sich ihr Triebleben nunmehr unbehindert entwickeln.« Auch ihr nahm Dr. Strauß im staatlichen Auftrag die Möglichkeit, Kinder zu bekommen. Allein in den Jahren 1934 und 1935 starben etwa 400 Patientinnen nach einem solchen Eingriff in diesem Krankenhaus.

Helmy verbarg seine Abscheu nicht, er ließ sich aus seiner Abteilung wegversetzen, um dem Streit mit seinem tumben neuen Chef, dem NSDAP-Mitglied Helmut Dennig, aus dem Weg zu gehen. Helmy ließ sich hinüber zu den »Zinn-Soldaten« schicken. So nannten sie die Mediziner, die unter Chefarzt Professor Wilhelm Zinn arbeiteten, einem eigentlich liberal eingestellten Schweizer.

Doch auch Zinns Stelle besetzte bald ein NSDAP-Mitglied, Werner Sieber, und die Probleme für Helmy kehrten zurück. »Nach anfänglicher reibungsloser Zusammenarbeit kam es späterhin zu mancherlei Klagen der anderen Ärzte über seine Überheblichkeit, sein rechthaberisches und unkameradschaftliches Wesen«, beschwerte sich der Nationalsozialist Sieber über Helmy.

Die braunen Chefs bemühten sich, Helmy loszuwerden. Erst bescheinigte ihm der Chefarzt Dennig ein »ausgesprochen orientalisches Wesen«, was nicht als exotisches Lob gemeint war. »Herr Dr. H. konnte sich als Orientale nicht an Ordnung, Disziplin und Berufsauffassung deutscher Ärzte gewöhnen. Wir halten es daher nicht für angebracht, ihn mit der Betreuung deutscher Volksgenossen zu beauftragen.« Dann lernte Helmy einen neuen Begriff kennen, ein weiteres rassistisches Etikett. Um Muslime von Juden zu unterscheiden, brachte die Rassen-Pseudowissenschaft der Nazis ein eigenes Wort für Muslime hervor, parallel zu den jüdischen »Semiten«.

Der Prophet Noah hatte drei Söhne, Sem, Ham und Jafet. Von ihnen stammen der Genesis zufolge alle Menschen ab. Ein junger Kollege Helmys, einer der schneidigen Stiefelträger, brachte den neuen Begriff in die Klinik: Hinter dem Rücken des Vorgesetzten trug er eine Petition von Arztzimmer zu Arztzimmer und bat die Kollegen zu unterschreiben. Darin hieß es, man könne nicht länger mit ansehen, »dass Dr. Helmy, ein Hamit, deutsche Frauen behandelt«.

So schwierig stand es um den einst so aussichtsreich gestarteten Aufsteiger Helmy, als ihn 1936 der Anruf von Annas Großmutter erreichte, der Obstgroßhändlerin vom Alexanderplatz. Zu dieser Zeit war bereits bekannt, dass er, der »Hamit«, demonstrativ wieder jüdische Patienten behandelte – an seinen stramm antisemitischen Kollegen vorbei. Helmy nahm sich Zeit für diese Patienten, er stieg in seinen Wagen und rückte aus zu Hausbesuchen, natürlich während der Dienstzeit. Zu Annas Familie kam er von nun an sogar regelmäßig.

Seine beruflichen Privilegien als Oberarzt hatte Helmy erlangt, weil die Nazis sich erhofften, dass er, der Muslim, sich mit ihnen gegen die Juden verbünden würde. Helmy unterlief dieses Ansinnen. Er nutzte seine Privilegien in ganz anderer Weise: um Juden zu helfen. Es war eine heimliche Rache an den SS-Ärzten im Krankenhaus. Sie sollten ihn, den eigentlich ihnen allen Überlegenen, nicht kleinkriegen. Es war auch Revanche und ein intellektueller Selbsterhaltungstrieb, die ihn zum Helfer werden ließen.

Er half seinen jüdischen Patienten nicht nur bei Leibschmerzen und Atemproblemen, sondern unterstützte sie auch dabei, Nazi-Gesetze zu umgehen; zum Beispiel, indem er Wertsachen vor den Augen des Staates versteckte, der sich immer neue Judensteuern einfallen ließ. Für Annas Großmutter etwa schaffte er 200 britische Pfund ins Ausland, er nahm hier 800 amerikanische Dollar in Verwahrung und dort einen kleinen Brillanten.

Wenn die Nazi-Kollegen versuchten, ihn unter Druck zu setzen, dann versuchte es Helmy mit einer Gegendrohung: Man könne ihn gar nicht hinauswerfen aus seiner Oberarzt-Stellung, sonst werde es politische Repressalien gegen die in Ägypten beschäftigten deutschen Ärzte geben. Und in der Tat: Das Auswärtige Amt stand noch immer auf Helmys Seite, bemüht, ihn bei Laune zu halten. Vielleicht, weil man tatsächlich die Rache der Ägypter fürchtete. Mit Sicherheit aber, weil man die muslimische Welt lieber umgarnen wollte als verärgern. Egal wie sehr Helmy die braunen Kollegen auch reizte – das Auswärtige Amt hielt weiter die schützende Hand über ihn. Was das für Helmy bedeutete, muss ihm in dieser Zeit allmählich aufgegangen sein.

Die Krankenhausleitung wollte Helmy lieber heute als morgen loswerden, doch das Ministerium wies sie an, den Muslim gnädig weiterzubeschäftigen, »aus außenpolitischen Rücksichtnahmen«. Selbst als im Krankenhaus jene Unterschriftenliste die Runde machte, in der es hieß, man könne nicht länger mit ansehen, »dass Dr. Helmy, ein Hamit, deutsche Frauen behandelt«, machte das Ministerium noch deutlich, dass die guten Beziehungen zur muslimischen Welt wichtiger seien.

Vielleicht übertrieb Helmy ein wenig, wenn er sich nach dem Krieg damit brüstete, welche Narrenfreiheit er sich von nun an herausgenommen habe. »Ich habe Hitler einen Paralytiker genannt«, erzählte er einmal. Auch habe er im Kreise der NS-Mediziner »Göring als kurzsichtiges eitles Großmaul bezeichnet«. Auf »Heil Hitler« will er stets nur mit »Guten Morgen« geantwortet haben, ob auf dem Krankenhausflur oder im Besuchszimmer.

Nur eine Ausnahme habe er sich erlaubt, behauptete Helmy später schelmisch. Nämlich »beim Betreten des Aborts«. Da habe auch er, der Muslim, stets den Führer gegrüßt.

»SOFORT INTERNIEREN«

Im Erdgeschoss von Helmys Wohnhaus in der Krefelder Straße 7 in Moabit hatte der jüdische Tabakhändler Markus Lesser sein Geschäft. Darüber wohnten die Conitzers, Gertrud und Arthur mit ihren Töchtern Ursula und Ruth, Tür an Tür mit Helmy. Das Reihenhaus gehörte dem jüdischen Weinhändlerpaar Caroline und Feibusch Klag, das aus Lemberg kam. Die Nazis nutzten es für »Verdichtungsmaßnahmen«, das heißt, hier wurden zusätzlich jene einquartiert, denen man andernorts die Wohnung weggenommen hatte.

Erna Mendelsohn zum Beispiel, eine alleinstehende Königsbergerin, deren Wohnung in der Altonaer Straße sich der Staat gegriffen hatte. Oder Gertrud Bobert, die Tochter eines Mützenfabrikanten vom Prenzlauer Berg. Gerade als es 1935 losgegangen war mit den Rassengesetzen, hatte sich ihr nichtjüdischer Mann, ein Beamter, von ihr scheiden lassen, sodass sie schutzlos geworden war. Im Haus war es eng geworden. Helmy war der Einzige, in dessen Wohnung niemand zusätzlich einquartiert wurde. Nur Juden mussten Juden aufnehmen. Aber so erlebte er von Beginn an sehr genau mit, wie sich rundherum das Leben für Juden veränderte.

Es gab keinen großen Knall, keinen Rauswurf, nur eine kleine Drehung im Mahlwerk der Bürokratie: Helmys SA-

und NSDAP-Kollegen im Krankenhaus setzten sich letztlich durch mit ihrem Wunsch, ihn loszuwerden. Helmys Vertrag lief zum 30. Juni 1937 aus und wurde nicht wieder verlängert. Er mochte der Klügere sein, sie waren in der Mehrheit. So musste Helmy fortan selbst seinen Lebensunterhalt organisieren – und so empfing er Patienten auf private Rechnung in seiner Wohnung in der Krefelder Straße, über den Räumen des Tabakhändlers Lesser, neben der Familie Conitzer und der Frau Mendelsohn aus der Altonaer Straße.

Helmy praktizierte »praktisch insgeheim«, wie er später sagte, assistiert von seiner deutschen Freundin Emmy. Und so wie die jüdischen Ärzte von Moabit einst ihn, den Muslim, in ihren Kreis aufgenommen hatten, so konnte er jetzt ihren Gefallen erwidern und umgekehrt ein jüdisches Mädchen unter seine Fittiche nehmen, als seine Mitarbeiterin in diesem »jüdischen« Haus.

Anna, das Mädchen vom Alexanderplatz, war mittlerweile 14 Jahre alt. Sie träumte davon, Kinderkrankenschwester zu werden. Sie hatte ein jüdisches Kinderheim draußen in einem Vorort gekannt, dort hatte auch ihre Freundin Regina Brauer gelernt, die später ermordet wurde. Aber das Kinderheim war von der Gestapo geschlossen worden, die Jüdische Gemeinde hatte Annas Mutter mitgeteilt, dass auch den übrigen Ausbildungsstätten ein ähnliches Schicksal bevorstehe. Nach dem Krieg erinnerte Anna sich so: »Es würde ein zu langer Lebenslauf werden, um all die Demütigungen und Verfolgungen, denen wir jüdischen Kinder in der Schule und außerhalb ausgesetzt waren, einzeln aufzuführen.« Sie hatte auf eine jüdische Schule wechseln müssen, der Pausenhof dort war ummauert und schloss direkt an die Rückseite der Synagoge in der Oranienburger Straße an. Eine goldene, mit Ornamenten verzierte maurische Kuppel. Eigentlich schön. Aber schon kurz nach Beginn ihres achten und letzten Schuljahres, seit dem 9. November 1938, war das Interieur verkohlt, jedem Besucher im Innern des Gebäudes drohten rabenschwarze Metallstreben und Scherben.

Helmy hatte von Beginn an ihre unverstellte, pragmatische Art gemocht, so ganz anders als ihre Mutter und Großmutter, die aufgeregten Geschäftsfrauen. Anna war aufgeweckt und geschickt. Helmy brachte dem Mädchen bei, durch ein Mikroskop zu schauen und Blut- und Urinproben zu prüfen. Auch der Umstand, dass Anna als Jüdin keine »Arier« mehr behandeln durfte, stellte für ihn kein Hindernis dar. In Helmys Wohnung kamen ohnehin nur Patienten, die zu anderen Ärzten nicht mehr gehen konnten; hauptsächlich Juden.

Nach dem Krieg berichtete Anna einmal, dass Helmy auch der Familie Conitzer half, sowie den Familien Oppenheimer und Benatzky, die eigens aus der Klopstockstraße am Tiergarten zu ihm kamen. Die Details verschwimmen etwas: Half er diesen Familien nur als Arzt oder auch dabei, sich vor Maßnahmen der Judenverfolgung in Sicherheit zu bringen, mit illegalen Aktionen, wie Anna nach dem Krieg andeutete?

Klar ist: Wie schon am Robert-Koch-Krankenhaus, so nahm sich Helmy auch jetzt, als selbständiger Arzt, gegenüber den Nazis erstaunliche Freiheiten heraus. Einmal ließ er Anna in seiner Praxis zurück, um allein ins Auswärtige Amt in der Wilhelmstraße zu stolzieren, die Treppe hinauf bis unter den Dachstuhl, wo er den Orient-Gesandten Werner Otto von Hentig aufsuchte, einen eitlen Adeligen alten Schlags.

Helmy beschwerte sich bei ihm: Es sei ein Skandal, dass man seine ärztliche Karriere derart ausgebremst habe. Und er verlangte, einen der beiden Heß-Brüder zur Rede stellen zu dürfen; also entweder den Stellvertreter Hitlers, Rudolf Heß, oder wenigstens dessen jüngeren Bruder Alfred, der als Vize-Chef der NSDAP-Auslandsorganisation in Kairo saß.

Der verdutzte Orient-Gesandte fragte zurück, ob es denn stimme, was er aus Kreisen des Moabiter Krankenhauses gehört habe – dass Helmy verbreite, des Führers Stellvertreter Rudolf Heß sei ein Idiot?

Nein, keineswegs, erwiderte Helmy: Er habe »nicht gesagt, dass Heß ein Idiot sei, ein schlechter Schüler gewesen wäre, ich habe ihn auch nicht einen Trottel geheißen«. Das seien Missverständnisse, genau darüber müsse er mit Heß persönlich sprechen.

Ob die Ministeriellen es seltsam fanden, wie großspurig der junge Ägypter – noch keine vierzig Jahre alt, spezialisiert auf Erkrankungen der Nieren und Blase – hier Gesprächstermine einforderte? Ob sie der Illusion unterlagen, es stecke vielleicht ein echter Grund dahinter, dass er so selbstbewusst und fordernd auftrat? Möglicherweise wussten sie es selbst nicht so genau. Die Beziehungen zur arabischen Welt im Allgemeinen und zum britischen »Protektorat« Ägypten im Besonderen waren in Bewegung geraten, besonders seit Ausbruch des Krieges. Auch wussten die NS-Diplomaten nur Vages über die Offiziersfamilie Helmys in Kairo – seinen Vater, den Major, und seine Brüder, die Offiziere.

Der Hitler-Stellvertreter Heß und sein Bruder waren tatsächlich in Ägypten aufgewachsen. Als Söhne eines deutschen Kaufmanns hatten sie ihre ersten Jahre in der Hafenstadt Alexandria verbracht, ein »kleines Paradies«, wie Rudolf Heß später sagte. Es war auch gut möglich, dass sich Heß und Dr. Helmy in Berlin über den Weg gelaufen waren. Der Hitler-Stellvertreter war ein Hypochonder. Er war im Krankenhaus Moabit ein und aus gegangen, das zum bevorzugten Krankenhaus der NS-Elite geworden war. Heß sprach sogar ein bisschen Arabisch. Die Heß-Eltern hatten sich einst über Flüche geärgert, die ihre Söhne in Alexandria von den Dienstboten aufgeschnappt hatten.

Helmy beteuerte zwar, nur böse Zungen würden unterstellen, er habe wirklich gesagt, dass er mit Heß in Ägypten in dieselbe Schule gegangen sei »und dass er ein Trottel sei und so etwas Ähnliches«. Andererseits: Was machte es noch für einen Unterschied, ob Helmy sich über diesen oder jenen Minister des Hitler-Kabinetts mokierte, über den dummen Schüler Heß, den »Paralytiker« Hitler oder das »Großmaul« Göring? Helmy war nicht nur entschlossen, seine jüdischen Nachbarn, Patienten und Freunde, offenbar auch unter Umgehung von Gesetzen, zu unterstützen; nach Jahren, in denen das Auswärtige Amt die schützende Hand über ihn gehalten hatte, redete er auch in der Öffentlichkeit schamlos und allem Anschein nach angstfrei. Er provozierte, als könnte ihm niemand etwas anhaben. Vielleicht machte das auf manchen Nazi sogar Eindruck. Helmy, der Spross einer mächtigen Offiziersfamilie, verstand es, im Umgang mit ihnen den richtigen Tonfall anzuschlagen. Den Orient-Gesandten Werner Otto von Hentig ließ es sprachlos zurück.

Die Heß-Brüder nicht. Alfred Heß tobte. Er erklärte der Berliner Gestapo »auf das Bestimmteste«, die »Person Helmys«, dieses Ägypters, der sich derart mokierte, könne »keineswegs als erfreulich bezeichnet werden«. Er sei »jederzeit in der Lage«, falls es gewünscht werde, »zu dieser Frage eingehend Stellung zu nehmen«. Auch der ältere Heß-Bruder, Hitlers Stellvertreter, interessierte sich nun »persönlich« für den Berliner Privatarzt Dr. Helmy, wie das Auswärtige Amt notierte. »Auf besonderen Wunsch des Stellvertreters des Führers«, so hieß es in einem Vermerk, solle »Mohammed Helmy eine weitere Ausübung seiner ärztlichen Praxis untersagt werden«.

Der jüngere Bruder, Alfred Heß, war gerade überstürzt nach Berlin gekommen. Es war September 1939, in Kairo hatten ihn gleich nach Ausbruch des Krieges die Briten für ein paar Tage interniert, daraufhin war er geflohen. In Deutschland nun war er auf offener Straße Helmy begegnet. Er war von diesem gegrüßt worden – und explodiert.

Wie sei es denn möglich, dass Deutsche in Kairo eingekerkert würden, aber ein unverschämter Orientale wie Helmy auf den Straßen Berlins frei herumlaufen dürfe? Wie könne das sein, herrschte Heß umgehend den Staatssekretär im Auswärtigen Amt an, Ernst von Weizsäcker, den Vater des späteren Bundespräsidenten.

Es war ein Samstag. Weizsäcker rief den Orient-Gesandten Hentig zu Hause an und zitierte ihn ins Ministerium, sofort, marsch, marsch. Fünfzehn Minuten später stand man beisammen und verfügte, dass als Gegenmaßnahme zur Verhaftung deutscher Staatsangehöriger in den drei britisch kontrollierten Ländern Ägypten, Palästina und Südafrika »sofort je etwa zehn Angehörige der genannten drei Länder in Deutschland zu internieren« seien. Helmy, der unverschämt selbstbewusste Ausländer mit den merkwürdigen Spottgeschichten über Rudolf Heß' Schulzeit, sollte gleich der Erste sein, der mit eingesperrt wird. Auf das Papier, mit dem die Männer das verfügten, stempelten sie den Vermerk: »Eilt sehr«.

SCHLUSS MIT HOFFEN – ABTAUCHEN

Das Obstgeschäft im Erdgeschoss war verschwunden, statt Pfirsich- und Erdbeerkisten sah Helmy nur noch dunkle Fensterscheiben, als er vorfuhr. Er ging das vertraute Treppenhaus hinauf, zwei Stockwerke, dunkel knarzende Stufen. Es war 1942, schon sechs Jahre seit er zum ersten Mal hier gewesen war, zum Hausbesuch bei Annas Großmutter. Zwei Jahre waren vergangen, seitdem er von der Gestapo verhaftet, monatelang eingesperrt und schließlich doch wieder ins Leben zurückgelassen worden war.

Vom gründerzeitlichen Interieur der Wohnung war kaum etwas übrig geblieben. Die Sessel, die Perserteppiche, der Wandspiegel oder auch Trumeau, wie die alte Dame gern gesagt hatte, alles war verkauft. Die Räume waren ausgezehrt, halb leer und trüb.

Auch Helmy wirkte verändert. Man hatte lange nichts mehr von ihm gehört, nachdem die Gestapo ihn kurz nach Beginn des Krieges im Herbst 1939 verhaftet hatte, und manches erschien der Familie von Anna nun merkwürdig. Helmy war gut genährt, gepflegt. Er verfügte offenbar wieder über Geld, und er erzählte selbst: Ja, der Staat habe ihm eine neue, eigene, sogar viel bessere Praxis gegeben als zuvor. Ohne eigenes Risiko, eine vornehme Adresse in Charlottenburg. Helmy musste dort nur auftauchen. Die Patienten waren schon da.

Wie genau war er aus der Haft freigekommen? Das beantwortete er nicht recht. Annas Großmutter sah ihn misstrauisch an. Aber in ihrer Verzweiflung hatte sie sich doch wieder an ihn gewandt, den alten Bekannten, trotz aller Bedenken.

Am 18. Oktober 1941 hatte die Deportation der Berliner Juden begonnen, seit dem 21. Dezember 1941 durften sie keine öffentlichen Fernsprecher mehr benutzen, seit dem 17. Februar 1942 keine Zeitungen oder Zeitschriften mehr kaufen und keine »arischen« Friseure aufsuchen. An diesem 5. März 1942 nun, einem Donnerstag, war Annas Großmutter ans Ende ihrer Möglichkeiten gekommen: Sie hielt ein Schreiben der Gestapo in den Händen, gerichtet an Frau Cecilie Sara Rudnik, wie die Behörden sie nannten. Sie solle ein paar Sachen packen und zur Moabiter Synagoge in der Levetzowstraße kommen. Dort hatte die »Reichsvereinigung der Juden in Deutschland« auf Befehl der Behörden ein Sammellager für mehrere Hundert Menschen eingerichtet. Die Bestuhlung war herausgerissen, Stroh lag auf dem Boden. Im Innenhof warteten Lastwagen; acht Kilometer weiter, am Güterbahnhof Grunewald, die Viehwaggons.

Gerade erst hatte Annas Großmutter wegen angeblicher Verächtlichmachung von Maßnahmen der NS-Regierung drei Wochen im Gestapo-Gefängnis am Alexanderplatz verbracht, im Keller des Polizeipräsidiums. Es war ein monströser roter Backsteinkomplex, bekannt als »Rote Burg«, aus dem anfangs manchmal die Schreie der Gefolterten auf den Alexanderplatz gedrungen waren. Das überstehe ich kein zweites Mal, sagte sie flehend zu Helmy. Andererseits: Sollte sie fliehen? Untertauchen? Sie – eine 67 Jahre alte Witwe?

Es war Helmy, der sie mit einem klaren Urteil überraschte. Er riet: Augen auf, Schluss mit Hoffen – abtauchen. Sie solle sich verstecken. Jahre später würde sich Anna erinnern, wie Helmy ihre Großmutter mit seinen Worten wachgerüttelt habe. »Er war es, der ihr zuredete, sie solle ausrücken und sich nicht holen lassen«, alles andere bedeute ihren Tod.

Annas Großmutter solle nicht länger zögern, erklärte Helmy ihr, auf keinen Fall solle sie sich von der Gestapo täuschen lassen mit deren Beteuerungen, man würde sie in den Osten bringen, um dort zu arbeiten und sich ein neues Leben aufzubauen.

Noch einen Moment zögerte die Großmutter, sie brauchte diese Zeit, um Mut zu fassen. Dann packte sie hektisch eine einzige Tasche. Das erste Nachtquartier organisierte ihr treuer Verwalter und Bürovorsteher Otto Buja, der in Lichterfelde jeden kannte. Aber dort konnte sie nur kurz bleiben. Was sie brauchte, war ein dauerhaftes Versteck in Berlin. Die Idee dafür kam wieder von Helmy. Er fragte eine alte Patientin, Frieda Szturmann, eine schweigsame Heimarbeiterin aus Staaken bei Spandau, die gern Tarotkarten legte. Ihr vertraute er.

Um das Misstrauen der Großmutter zu besänftigen, erzählte Helmy von seiner eigenen Gestapo-Haft, die er gemeinsam mit den anderen Ägyptern durchlitten hatte, von Herbst 1939 an. Er erzählte nicht alles. Aber einen ersten Teil: »Man hat uns mit dem Eisen im Gelenk geführt und in regelrechte Gefängnisse gebracht, wo wir auf Holz und auf dem nackten Boden schlafen mussten.« Später habe man ihn und seine Landsleute noch weitertransportiert, »tage-

Wie viele andere jüdische Geschäftsleute verlor Annas Familie ihren Laden 1938 an die »Arisierung«.

&
Froitzheim

lang in Verbrechertransport-Zellenwagen in bitterster Kälte«, zur Festungshaft auf die Wülzburg, ein mittelalterliches Gemäuer in Franken, in dem im Ersten Weltkrieg schon Charles de Gaulle interniert war.

Als die Nazis die Ägypter in Haft nahmen, war es ihnen nicht um Strafe gegangen, schon gar nicht um Vernichtung. Man hatte, wie die Ägypter bald merkten, anderes im Sinn mit ihnen: einen Gefangenenaustausch. Das war Helmys Glück gewesen. Um die in Kairo internierten Deutschen freizupressen, hatte das Auswärtige Amt jene zehn in Deutschland lebenden Ägypter auswählen lassen, von denen man sich einen besonders hohen Tauschwert versprach. Es sollten »jeweils immer die bedeutendsten Persönlichkeiten zuerst interniert werden«, hatte das Auswärtige Amt der Gestapo erklärt.

Neben Helmy, dem Spötter und Oberarzt, waren dies der Chef der Deutsch-Ägyptischen Handelskammer, Dr. Bey Aziz Cotta; der Vorsitzende der Islamischen Gemeinde, Riad Ahmed Mohammed; ein Ballettmeister vom Kurfürstendamm, Abdul Aziz Soliman; ein ägyptischer Prinzensohn, Zaki Halim, und noch einige mehr. Gebildete, weltgewandte Leute, die in der Haft ihre Gemeinsamkeiten entdeckten und zum Leidwesen der Nazis bald auch gemeinsam auf Ideen kamen.

Außenstaatssekretär Bohle hatte nach Helmys provokanten, die NS-Führung verhöhnenden Auftritten im Moabiter Krankenhaus diktiert, er lege größten Wert darauf, dass speziell Helmy so lange weggesperrt bleibe, »bis die Ägypter auch den letzten Reichsdeutschen aus der Haft entlassen haben«. Aber in der Haft wurde Helmy nicht misshandelt, sondern vergleichsweise human angefasst;

wie ein wertvolles politisches Faustpfand eben, das man nicht verlieren wollte.

Anfang Mai 1940 hatte das Auswärtige Amt sie alle wieder freigelassen, auch Helmy. Ohne dass irgendeine politische Forderung in Ägypten erfüllt worden wäre. Die Zahl der in Kairo internierten Deutschen war nicht gesunken, sondern noch gestiegen. Die Drohung aus Berlin war also völlig wirkungslos verpufft, sie hatte in Kairo niemanden beeindruckt. Trotzdem hatten die NS-Diplomaten einen Grund gesehen, einzulenken.

Bei diesen prominenten muslimischen Inhaftierten, so hatte das Auswärtige Amt überlegt, würde man nichts davon haben, wenn man sie dauerhaft zu Feinden machte. Wenn man diese »bedeutendsten Persönlichkeiten« des muslimischen Lebens in Berlin hingegen durch eine Geste der Gnade für das NS-Regime gewinnen könnte, anstatt sie auf unbestimmte Zeit in Haft zu halten, dann könnten sie vielleicht Verbündete werden. Dies seien schließlich die »für propagandistische Zwecke am besten verwendbaren« Ausländer, unterstrich das Auswärtige Amt.

Wer als Muslim in Haft erkennen ließ, dass er zur Zusammenarbeit mit dem Regime bereit war, der stieß bei der NS-Führung auf offene Ohren. In zumindest einem Fall war die Hoffnung des NS-Regimes auf eine Zusammenarbeit sogar der Grund für die Inhaftierung gewesen. Mit Helmy in Haft saß der Medizinstudent Mohammed Taufik Migahid, gerade 21 Jahre alt. Goebbels' Propagandaministerium suchte einen Sprecher für arabische Rundfunksendungen. An der Stimme des 21-Jährigen hatten Goebbels' Leute Gefallen gefunden, doch in den kalten Gemäuern war er heiser geworden, und so musste er schmoren, bis seine Stimme wieder präsentabel sein würde für Probeaufnahmen; ein Gefangener auch seiner Erkältung.

Helmy musste, nachdem er wieder freigelassen worden war, um seine Freiheit fürchten. Die Sicherheit, die er in Berlin genoss, war abhängig davon, dass die Nazis ihn nunmehr für einen Freund ihres Regimes hielten. Er durfte, obwohl er wieder auf freiem Fuß war, Deutschland nicht verlassen, genauso wenig wie seine ägyptischen Mithäftlinge, »weil es möglich sein muß, auf die betreffenden Persönlichkeiten je nach politischer Entwicklung wieder zurückzugreifen« – darauf hatte Alfred Heß, der wütende Kairoer Statthalter der NSDAP, bestanden. Auch »weil deren Überwachung aus Gründen der Spionagegefahr notwendig sein dürfte«. Helmy musste sich für eine Weile auch täglich bei der Polizei melden, vormittags und nachmittags.

Aber er war offenbar bereit, diese geringe, brüchige Sicherheit für die jüdische Familie des Mädchens Anna aufs Spiel zu setzen, indem er ihnen nun, wie schon einmal, beim Umgehen von Gesetzen und Befehlen half. Es war eine folgenreiche Entscheidung, befand Anna in der Rückschau; »damit hat sich Herr Doktor die erste Katastrophe an den Hals genommen.«

Die Großmutter war schon in ihr erstes Versteck verschwunden, da kam bei Anbruch der Dunkelheit Annas Stiefvater von der Arbeit nach Hause und erfuhr, was geschehen war. Er machte »einen Höllenkrach«, so erinnerte sich Anna.

Sie hatte ihren Stiefvater nie ausstehen können. Der Mann, mit dem sich ihre Mutter Julie 1929 neu verheiratet hatte, hieß für Anna nur »der Dicke«, bestenfalls nannte sie ihn bei seinem Nachnamen, Onkel Wehr. Georg Wehr, ein kleiner Mann mit dünnem Haar, so schnell erregbar, dass er vor Wut platzen konnte, wie man in der Familie wusste, war selbst nicht jüdisch. Aber er hatte schon am eigenen Leib erlebt, was für Folgen es haben konnte, wenn man die Gestapo an der Nase herumzuführen versuchte.

Jetzt war er vorsichtig. Mit Helmys Rat zum Ungehorsam gegenüber den Behörden war er nicht einverstanden, und vielleicht fühlte er sich auch düpiert, weil die Frauen seiner Familie diesen Rat beherzigt hatten, ohne ihn überhaupt zu fragen. Er wusste: Wann immer die Gestapo untergetauchte Juden fand und aus ihren Verstecken herauszerrte, brachte sie sie zuallererst in ein Haus am rechten Spreeufer, in die Burgstraße 28; in den Bau, aus dessen erstem und zweitem Stock die Befehle zur Verhaftung und Verschleppung jüdischer Berliner in Konzentrationslager kamen. Im Keller und im Gebäude des zweiten Hofes wurde gefoltert und gemordet, man verlangte von den Juden, dass sie sagten, wer ihre Unterstützer waren. Dann wurde es auch für diese Unterstützer und Mitwisser lebensgefährlich. Wer selbst nicht jüdisch war, konnte nur verlieren, wenn er sich darauf einließ, Juden zu helfen.

Als sich 1938 die Gauleitung in Gestalt ihres »Wirtschaftsberaters« Dr. Müller gemeldet hatte, der die »Arisierung« des Familien-Obstgroßhandels angekündigt hatte, da hatte sich Annas Großmutter zum ersten Mal an ihren Schwiegersohn Georg Wehr gewandt. Er solle das Geschäft doch übernehmen. Er arbeitete ja ohnehin für den Familienbetrieb als Kassierer. Aus dem Plan wurde nichts: Der Gauwirtschaftsberater stellte klar, dass eine Übertragung an den »arischen Schwiegersohn« nicht akzeptiert werde. Mehr noch, man ließ Georg Wehr bereuen, dass er überhaupt bereit gewesen war, seiner angeheirateten Familie zu helfen. Der Gauwirtschaftsberater entriss der Familie den Obstgroßhandel besonders rasch, noch im Juli 1938. Er übertrug den Betrieb an eine Transdanubia GmbH, die nur lächerliche 9500 Mark zahlen musste, in etwa den Umsatz einer Woche, und die auch nichts weiter tat, als das Geschäft unter den Augen der darüber wohnenden Familie zu liquidieren. Zudem bestrafte er Georg Wehr.

»Jeder wusste um meine Verhältnisse«, sagte Wehr später einmal. »Niemand wollte als Judenfreund gelten«, ein Judenfreund, so wie er. Ein Jahr lang blieb Georg Wehr arbeitslos, niemand stellte ihn mehr ein, denn der Gauwirtschaftsberater hatte ihm demonstrativ einen Mangel an »persönlicher Zuverlässigkeit« bescheinigt. Erst 1939 hatte Georg Wehr wieder eine Anstellung gefunden – bei einem alten Bekannten, der in Lichterfelde Wurstwaren herstellte.

Und nun? Man könne die Gestapo nicht schon wieder belügen, hielt Georg Wehr ängstlich seiner Frau Julie vor, der Mutter von Anna. Es sei besser, sich kleinzumachen, sich an die Regeln zu halten, den Kopf geduckt – dann würde es keine Hiebe mehr setzen. Dass Georg Wehr, der die ganze Familie hätte verraten können, während dieser Auseinandersetzung demonstrativ seinen Koffer packte, konnte man als Drohung begreifen. Doch Annas Mutter schien, wie so oft, den Ernst der Lage nicht zu erkennen. Anna, mittlerweile 16 Jahre alt, erinnerte sich später, wie fassungslos sie an diesem Abend war.

»Nach viel Zureden von uns«, so schilderte Anna es später, habe Georg Wehr sich wenigstens dazu bereit erklärt, mit Helmy zu telefonieren. Das war die Chance für Helmy, ihm zu verdeutlichen, was auf dem Spiel stand für seine jüdischen Angehörigen, ihn also davon abzuhalten, die Solidarität mit der Familie aufzukündigen. Am Telefon konnte man das nicht besprechen. »Man musste sich ja vorsehen wegen des Abhörens der Apparate«, so erinnerte sich Anna später. »Herr Doktor beruhigte meinen Stiefvater und bestellte ihn zu sich, um mit ihm ausführlich sprechen zu können.« Die Folge, so Anna: »Herr Doktor musste nun für alle hinhalten. Für die Behandlung aller Krankheiten, für jedes neue Unterkommen und für jede neue Verordnung musste er einen neuen Rat finden. Denn mein Stiefvater war dazu allein nicht fähig.«

Es ging jetzt schnell. Nach Annas Großmutter Cecilie tauchte gleich noch ein zweites Mitglied aus Annas Familie unter: der Sohn von Cecilie Rudnik aus erster Ehe, das heißt Annas Halbonkel. Er hieß Martin Rudnik, war ein blendend aussehender Mann, gerade einmal 24 Jahre alt, mit vielen weiblichen Bekanntschaften, die er sich nun zunutze zu machen wusste. Bei zweien von ihnen besorgte er sich ein Quartier: bei Hildegard Ullbrich und ihrer Schwägerin Irmgard in der Babelsberger Straße 51a in Wilmersdorf, nur ein paar Gehminuten von den beiden Minaretten der Moschee entfernt. So kam es, dass sich das Wohnhaus der Familie über dem ehemaligen Obstgroßhandel am Alexanderplatz leerte. Helmys eindringliche Worte an Annas Familie zeigten Wirkung.

Anna mochte ihren charmanten Halbonkel Martin, sie hatten einiges gemeinsam. So wie Anna interessierte auch er sich für Medizin. Er hatte 1938 eine Lehre als Zahntechniker begonnen, bei einem Dr. Grünbaum, der sich nicht mehr Zahnarzt nennen durfte, sondern nur noch Dentist. Er hatte dort die Kautschuk-, Metall- und Brückentechnik erlernt sowie die Herstellung von Zahnersatz mit Paladon. Dann hatten die Nazis die Gesetze weiter verschärft, und im Februar 1939 musste Martin seine Lehre abbrechen. Im November 1941 war er einfach nicht mehr zu seiner Zwangsarbeit in einer Blechwarenfabrik in Weißensee erschienen. Man hätte ihn von dort sonst jederzeit deportieren können, und Martin gedachte nicht, es den Verfolgern so leicht zu machen.

Bei den Ullbrich-Schwägerinnen nun lebte er als zusätzlicher Mitbewohner, ohne Lebensmittelkarten. Er kam über die Runden, so wie er schon lange über die Runden kam: indem er »unter falscher Identität allerlei Schiebereien« einfädelte, wie sich Anna später erinnerte. Mal war es Nähseide aus Prag, die er schwarz verkaufte, dann waren es Zigaretten aus Athen, die Hildegard von der Wehrmacht bekommen hatte. Martin wusste sich zu helfen. Er hatte verschiedene Wertsachen bei unterschiedlichen Bekannten untergestellt: eine Leica, einen wertvollen Ring seines verstorbenen Vaters, eine goldene Taschenuhr. Das alles verscherbelte er jetzt nach und nach, hin und wieder kam auch Otto Buja vorbei, der getreue Assistent der Großmutter, brachte ihm Geld oder Zigaretten, »und wenn Martin in Not war, wandte er sich an Herrn Doktor telefonisch, der auch immer Rat wusste«, erinnerte sich Annas Mutter Julie später.

Als die Gestapo-Männer morgens um sechs an die Tür pochten und die Großmutter abholen wollten, bekamen sie zu hören, diese sei »verreist«. So nahmen sie kurzzeitig Anna mit. Vielleicht, um die Eltern zum Reden zu bringen. Anna hat in späteren Jahren nie viel erzählen wollen über dieses Erlebnis, nur so viel: Die Gestapo-Männer verhörten sie und schärften ihr ein, Deutschland schnell zu verlassen. Und sie gaben ihr noch eine Warnung mit, so erinnerte Anna sich später: »Bei Nichtbefolgung dieser Anordnung würde man mich an den richtigen Ort abliefern.«

Helmy verstand, wie knapp die Sache für sie ausgegangen und wie prekär die Lage für das Mädchen war. Sie brauchte ein Versteck. Dass ihre Eltern keine große Hilfe sein würden, hatte Helmy nach dem »Höllenkrach« mit Georg Wehr selbst gesehen.

EIN VERWEGENER PLAN

Sie konnte die Szene wie eine Außenstehende betrachten; ohne selbst angesehen zu werden. Wenn Anna allein durch die Straßen ging, wusste niemand, dass sie jüdisch war, als Einzige in ihrer Familie trug sie keinen Judenstern. Sie musste es nicht. Einmal hatte der Reviervorsteher der Polizei, ein Hauptmann Ludwig, sie aufgefordert, einen Stern anzulegen, aber Anna hatte nie einen Grund gesehen, dieser Aufforderung nachzukommen.

Wenn sie vom Alexanderplatz zum Botschaftsviertel am Tiergarten ging, zu Fuß, weil die U-Bahn für Juden verboten war, und in einem weiten Bogen, weil die Gegend um das Brandenburger Tor für Juden verboten war, dann sah sie die Menschen mit den gelben Stoffflecken am Mantel an ihr vorbeigehen. Wie leicht man in die Rolle einer anderen hineinschlüpfen konnte, dachte Anna manchmal, wie leicht man für jemand anderen gehalten wurde. Unsichtbar, ohne sich zu verstecken. Was die Leute sich wohl vorstellten, wenn sie Anna vorbeigehen sahen?

Schon als Zweijährige war sie nach Berlin gekommen, aber sie war nie eine deutsche Staatsangehörige geworden. Deshalb war sie von »sicherheitspolitischen Maßnahmen« wie dem Tragen des Sterns bislang ausgenommen, obwohl seit dem Frühjahr 1941 auch in ihrem Pass ein *J* eingestempelt war. Ihre Mutter und ihre Großmutter hatten Deutsche geheiratet und so deren Nationalität bekommen; Annas Mutter, frisch geschieden, den cholerischen Georg Wehr; Annas Großmutter, damals zum ersten Mal verwitwet, den freundlichen jüdischen Obsthändler Moise Rudnik. Anna war Ausländerin geblieben. Sie war in Arad geboren, im Grenzgebiet zwischen Ungarn und Rumänien.

Als die Gestapo begann, die Berliner Juden zu deportieren, war deshalb Anna, anders als ihre Großmutter, nicht zur Sammelstelle in der Synagoge Levetzowstraße beordert worden, sondern zum rumänischen Konsulat. »Es hieß, die Ausländer müssen raus«, erzählte Anna später. Die Gestapo hatte Anna geschrieben, sie solle ihren Pass zur Ausreise auf dem Konsulat stempeln lassen und Deutschland innerhalb von drei Tagen in Richtung Rumänien verlassen. Anna hatte zwar nicht die Absicht, diesem Befehl Folge zu leisten. Aber sie sah, was mit anderen ausländischen Juden geschah, die sich weigerten. »Die anderen Leidensgenossen sperrte man ein«, erinnerte sich Anna. »Sie hätten mich ebenfalls eingesperrt, wenn ich nicht rechtzeitig … verschwunden wäre.«

Eine dreistöckige Villa mit schwarzem Eisenzaun. Dort legte Anna die kleine blaue Kladde mit dem goldenen Schriftzug vor, *Regatul Romaniei* stand darauf, Königreich Rumänien, *Pasaport pentru strainatate*. Es war März 1942. Der rumänische Pass hatte für eine Jüdin eine Zeit lang ein wenig Schutz bedeutet. Jetzt war er nichts mehr wert. Denn im November 1941 hatte die rumänische Regierung mündlich der Absicht des Deutschen Reiches zugestimmt, auch rumänische Juden zu ermorden. Man habe kein Interesse mehr daran, dass sie nach Rumänien zurückkehrten.

Der Beamte im Konsulat hinter dem Eisenzaun war freundlich. Beim Stempeln riet er Anna, auf keinen Fall nach Rumänien zu reisen. Sie würde nie dort ankommen, der Tod wäre ihr gewiss. »Es blieb mir auch nichts anderes übrig, als zu verschwinden«, so Anna. »Man hatte schon gehört, dass die Juden nicht nach Rumänien geschickt wurden, sondern nach Polen in Lager kamen.«

Gemeinsam mit Dr. Helmy überlegte Anna, wie sie sich verstecken könnte. Zu Frieda Szturmann, der hilfsbereiten Patientin Helmys, konnte sie nicht mehr gehen. Diese Chance war vertan, die arme Frau war ausgelastet, seitdem sie Annas Großmutter Cecilie aufgenommen hatte. »Meine Großmutter hielt nirgends Frieden, überall, wo sie untergebracht war, sie verkrachte sich mit jeder Familie, die sie aufgenommen hatte«, ärgerte sich Anna. Damals machte es Anna rasend vor Wut: »Sie war so gehässig und unverschämt und hielt ihren verdammten Mund nicht«, ärgerte sie sich selbst noch nach dem Krieg, »und gefährdete die Leute, die sie aufgenommen hatten. Herr Doktor musste auch dafür Sorge tragen und Rat finden.« So war Anna dieser Ausweg versperrt.

Annas Großmutter war zeit ihres Lebens Geschäftsfrau gewesen. Sie hatte hart kalkulieren müssen und sich von niemandem etwas sagen lassen, anders wäre es ihr in der Berliner Geschäftswelt wohl auch nicht gelungen, sich zu behaupten. Auf ihren »eisernen Fleiß« und ihre »größte Sparsamkeit« hatte sie sich stets etwas zugutegehalten. Aber wie hatte man nur glauben können, dass diese Frau, die sich stets sorgte, die jungen Leute würden verhungern, wenn sie nicht da wäre – dass ausgerechnet diese Frau ruhig bleiben würde in einem geheimen Versteck, in dem sie keinen Mucks von sich geben durfte? Von Frieda Szturmann war sie an deren Schwester weitergereicht worden.

Dort sollten die Nachbarn die Räume für unbewohnt halten. So musste sie mit diesem Absturz leben lernen: Noch vor wenigen Jahren war die 67-jährige Cecilie Rudnik die Herrin über ein großes internationales Geschäft gewesen, die Matriarchin einer reichen Familie. Jetzt musste sie still bleiben wie ein Gespenst.

Ob stattdessen vielleicht Martin helfen könnte, der junge Onkel? Für Anna tat auch er »absolut nichts«, wie ihre Mutter später bitter resümierte. Er, der schwunghaften Schwarzmarkthandel betrieb und so viele Kontakte hatte, blieb sich selbst am nächsten. Annas Mutter konnte es kaum fassen. »Am Ende«, so bemerkte sie nüchtern, habe Martin »sich nicht mehr gemeldet«. Es mag in diesen schweren Zeiten Familien gegeben haben, die enger zusammenrückten. Diese gehörte nicht dazu.

Anna erinnerte sich: »Dann verfolgte mich die Gestapo.« Wohin konnte sie noch verschwinden? Auf ihre Großmutter und ihren Onkel war sie wütend, von ihrer Mutter enttäuscht. Sie wandte sich an Helmy.

Manchmal kam Anna auf der Straße ein verführerischer Gedanke – für jemand anderen gehalten zu werden, in eine fremde Haut zu schlüpfen, unsichtbar vor aller Augen. Ein Verschwinden bei helllichtem Tage. Helmy sah Anna an: Die dunklen Haare hatte sie von ihrer Mutter, die dunklen Augen strahlten Energie aus. Sie war kein Kind mehr, sondern eine junge Frau; aber wenn sie lächelte, bildeten sich noch immer Grübchen.

Wann wurde aus Annas Gedankenspiel ein Plan? Vielleicht erzählte Helmy ihr die Details, wie er als Häftling 1939/40 mit dem Regime ins Geschäft gekommen war. Er hatte wieder eine eigene Praxis bekommen, in Charlottenburg durfte er einen deutschen Arzt vertreten, der eingezogen worden war, einen Dr. Wedekind, Kaiser-Friedrich-Straße 7. So hatte Helmy wieder Freiheiten, einen Platz in der bürgerlichen Gesellschaft, er konnte wieder Rezepte und Atteste ausstellen.

Was noch fehlte, war eine Arzthelferin. Natürlich keine jüdische diesmal. Juden durften keine »arischen« Patienten mehr behandeln. Aber eine muslimische, die könnte er jetzt glaubhaft präsentieren. So wurde aus dem jüdischen Mädchen ein muslimisches. Aus Anna wurde Nadja, die angebliche Nichte des Herrn Doktor.

So präsentierte er sie in Charlottenburg seinen staatlichen Aufpassern. Am 10. März 1942 wurde der Gestapo mitgeteilt, das jüdische Mädchen Anna sei »verreist«. Annas Mutter und Stiefvater beteuerten den Uniformierten gegenüber, sie hätten sie sogar persönlich zum Zug gebracht, mit Ziel Rumänien, sie zeigten einen Beleg für die Fahrkarte vor. Anna nahm erleichtert zur Kenntnis, dass sie mit dieser Lüge offenbar durchkamen: »Die Gestapo glaubte den Behauptungen meiner Eltern nicht, hatte aber keine Beweise, sie zu widerlegen.«

Der Name Nadja war eine Idee von Helmy gewesen; fast war es wie bei einer Adoption. Vielleicht nennst du dich auch selbst so, in deinem Kopf, hatte er ihr vorgeschlagen, bevor sie zum ersten Mal ein Kopftuch über ihre Haare legte – dann verplapperst du dich nicht. Der neue Name bedeutete »Morgentau« auf Persisch. »Ruferin« auf Arabisch. Anna fand ihn schön.

UNSICHTBAR VOR ALLER AUGEN

Morgens ließ sie das Tuch wie einen Fallschirm auf ihr Haar sinken, bevor sie das eine Ende des Stoffes in die Hand nahm und über ihre Schulter warf. Notwendig war es natürlich nicht. Aber doch eine gute Idee, wie Anna bemerkte. Es war erstaunlich, wie sehr das Kopftuch die Blicke der Leute von ihrem Gesicht ablenkte. Es funktionierte wie eine Tarnkappe. Wenn die Leute es sahen, hatten sie Augen für wenig anderes.

Morgens begleitete Anna ihren Beschützer im Auto zur Arbeit, abends wieder nach Hause. Immer blieb sie in seiner Nähe. Wenn jemand zu neugierig Fragen stellte, konnte er das Antworten übernehmen. Wenn Uniformierte ihr Auto anhielten, wenn sie sie anschnauzten – Wagenfenster runterkurbeln, Papiere zeigen! –, dann blickte Dr. Helmy die Männer betont genervt an, so als kennten die Herren Wachtmeister ihn wohl noch nicht, den Freund des Auswärtigen Amtes. Helmy, als Araber einer der »für propagandistische Zwecke am besten verwendbaren« Ausländer, wie man im Außenministerium frohlockt hatte.

Er zog dann seinen Ausländerausweis aus der Tasche, ein farbig bedrucktes Papier, von der königlichen ägyptischen Gesandtschaft ausgestellt. Für seine »Nichte« Nadja muss er ein eigenes, gefälschtes Papier organisiert haben – von der Tochter eines der muslimischen Diplomaten viel-

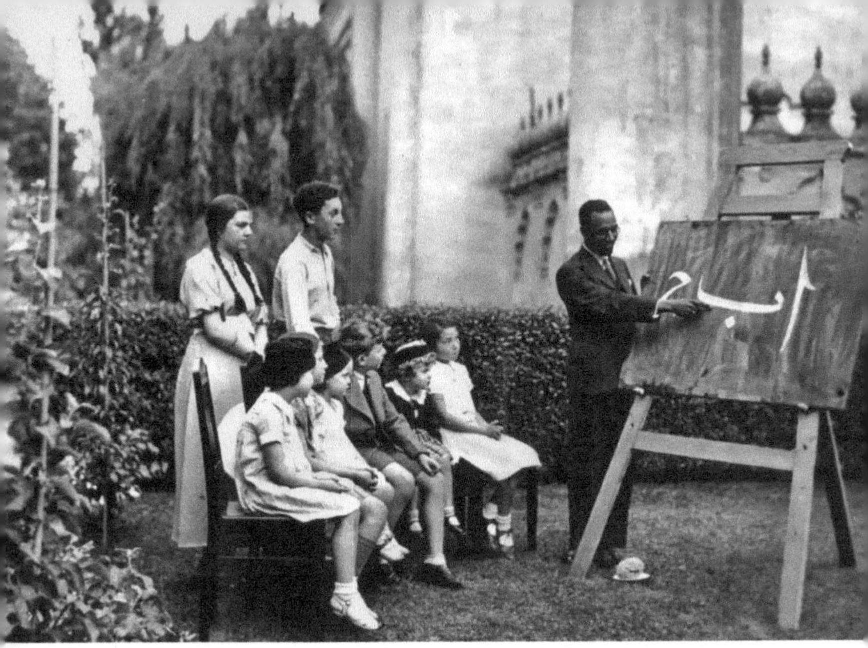

Kinder beim Unterricht im Berliner Moschee-Garten

leicht, die jetzt, in Zeiten des Krieges, nach und nach die Hauptstadt des Reiches verließen. Anna brauchte einen Ausweis, der ein Mädchen mit heller Haut und schwarzen Locken zeigte. Das genügte vielleicht schon, zumal sich die Gestapo nicht gut mit ägyptischen Papieren auskannte und arabische Familien auch nicht unbedingt einen gemeinsamen Nachnamen trugen. Es geschieht in Ägypten sogar nur selten, dass die Frau den Namen des Mannes annimmt.

»Meine Nichte aus Dresden«, stellte Helmy dann die junge Frau auf seinem Beifahrersitz vor. Augenrollend, so als wäre es das x-te Mal, dass er dies erklären müsse. Gern verwies er dabei auf seine ärztlichen Pflichten, die jetzt aber wirklich riefen. Anna, neben ihm sitzend, lächelte peinlich berührt und nervös, Helmy drückte den Fuß aufs Gas, und so fuhren sie weiter in ihre Charlottenburger Arztpraxis.

Annas Versteck unter aller Augen verlangte höchste Konzentration. Manchmal rief Helmy ihr tagsüber etwas auf Arabisch zu, und sie tat demonstrativ, als verstünde sie jedes Wort, rief »Ja!« zurück und lächelte den Patienten im Wartezimmer zu. Sie spielten einander die Bälle zu. »Ich habe viel gelernt«, erinnerte sich Anna später an diese Zeit und war voller Bewunderung für Helmys Findigkeit. Helmy war umgekehrt angetan davon, wie schnell Anna verstand.

Auch Helmy musste sich verstellen, eine Rolle spielen. Gegenüber der Gestapo spielte er jetzt genau jenen nazifreundlichen Araber, von dem sie in Goebbels' Propagandazentrale so sehr träumten: einen Ägypter, dessen Heimatland unter den verhassten Briten gelitten habe, genauso wie das Rheinland unter den verhassten Franzosen. Einen Ägypter, der sich angeblich nichts sehnlicher wünschte als den deutschen Sieg über diese alten Kolonialmächte.

Die Alliierten hätten ein Interesse, »möglichst viele Muselmannen töten zu lassen«. So schrieb die SS in einem Pamphlet, das sich an die muslimische Bevölkerung vor allem in Bosnien richtete, und die Agitation ging noch weiter. Die SS erinnerte die Muslime daran, dass 232 Millionen Muslime »unter englischer, amerikanischer, französischer und russischer Fremdherrschaft« lebten. Sie verschwieg natürlich, dass den Deutschen selbst nichts anderes vorschwebte. Im Gegenteil: Nur Deutschland achte wirklich den Islam, so behauptete die SS. »Wird Deutschland vernichtet, so schwindet auch die letzte Möglichkeit für Euch Muselmannen, jemals frei zu werden.«

In derartige Töne stimmte Helmy, wenn es sein musste, aus voller Kehle ein. Das war auch das Geheimnis seiner neuerdings so guten Beziehungen zum Regime. Die Zeiten, in denen er NS-Größen wie Heß, Hitler und Göring lustvoll als »Paralytiker« oder »Großmaul« verspottet hatte, waren vorbei. Nach außen hin gab er sich völlig Hitler-treu. Entwickelt hatte er dieses Schauspiel in der Gestapo-Haft, gemeinsam mit seinen ägyptischen Freunden, dem Ballettmeister, dem Handelskammer-Chef, dem Prinzensohn, dem Islamvereinsvorsitzenden.

Dies war es, was Helmy der misstrauischen Großmutter von Anna vorsichtshalber nicht erzählt hatte: Schon aus seiner Zelle heraus hatte er 1939 begonnen, salbungsvolle Briefe an Mächtige des Regimes zu schreiben, unterwürfig und überschwänglich. Er hatte die Nähe zum Regime aktiv gesucht. Ein Brief ging direkt an Hitler persönlich – »Eure Excellenz!«, adressierte er darin den Diktator.

In diesem Brief hatte Helmy vorgegaukelt, er habe sich schon »seit 1929 aktiv für die nationalsozialistische Bewegung betätigt und wurde 1931 durch einen gegnerischen Überfall verletzt«. Helmy hatte dem Diktator das Leid eines alten braunen Kämpfers geklagt. Er, der Muslim, habe bis 1933 sogar ohne Geld arbeiten müssen und keine Anstellung als Arzt erhalten, nur weil er den Gegnern der Nazi-Bewegung – den jüdischen Krankenhaus-Chefs in Moabit – zu antisemitisch gewesen sei.

Das war glatt gelogen. Die drei unbezahlten Jahre nach dem Studium waren die normale Wartezeit gewesen, in der sich junge Ärzte ihre Sporen hatten verdienen müssen. Helmy – befreundet mit jüdischen Ärzten, zwischen jüdischen Familien wohnend – war von seinen jüdischen

Chefs in dieser Zeit mit Kost und Logis bezahlt worden, so wie alle anderen Assistenzärzte auch. Aber Helmy erzählte den Nazis, was sie hören wollten, auch das Blaue vom Himmel. Seine ägyptischen Zellennachbarn erprobten diesen Trick genauso, und gemeinsam freuten sie sich darüber, wie sehr die Nazis darauf ansprangen. Vielleicht hatte Helmy anfangs sogar selbst darüber gestaunt, wie gut es funktionierte.

Noch in der Gestapo-Haft hatte er den Nazis, die noch immer auf einen Gefangenenaustausch schielten, angeboten, er könne dank seiner angeblich guten politischen Verbindungen in Ägypten erreichen, dass man die in Kairo internierten Deutschen freilasse. Einzige Bedingung: Man müsse Helmy und einen weiteren ägyptischen Gefangenen freilassen. Dieser Freund, der langjährige Vorsitzende der Deutsch-Ägyptischen Handelskammer, Dr. Cotta, lebte schon seit vielen Jahren in Deutschland, hatte drei Kinder mit einer Düsseldorferin und besaß eine Kinokette.

Im Auswärtigen Amt hatte Helmys Angebot freudige Erregung ausgelöst. Nachdem der Reichsaußenminister persönlich mit Rudolf Heß' Stabsleiter Martin Bormann telefoniert hatte, ließ man Helmy und Cotta schon Anfang Dezember 1939 frei, »unter der Bedingung, dass sie die Entlassung der in Ägypten inhaftierten Deutschen erreichen«; und zwar, wie das Auswärtige Amt erwartungsfroh dazuschrieb, »unter Aufbietung ihres Einflusses und ihrer Beziehungen«. Man gab ihnen dreißig Tage.

Einfluss und Beziehungen? Beinahe unnötig zu erwähnen, dass Weihnachten, Silvester 1939/1940 und die ganzen dreißig Tage verstrichen, ohne dass Helmy irgendwelche Strippen gezogen oder Kanäle genutzt hätte. In Wahrheit hatte er ja nicht einmal mehr zu seiner eigenen Familie in Kairo guten Kontakt, geschweige denn zu Politikern. In Wahrheit war er ein Nazi-Gegner geblieben, auch wenn er sich jetzt erfolgreich verstellte. Die Zahl der in Ägypten internierten Deutschen sank nicht in den dreißig Tagen; sie wuchs sogar, was die Sache noch absurder machte.

Die Diplomaten im Auswärtigen Amt waren blamiert, sie ließen Helmy und den Kinobesitzer nach den dreißig Tagen wieder einfangen. Aber Helmy fuhr fort, seine Zuneigung zum NS-Regime sogar noch stärker zu betonen. 1939 erzählte er dem Auswärtigen Amt, er sei schon seit zehn Jahren NSDAP-Mitglied, »als einziger Ägypter«! Muslime seien ausdrücklich willkommen, hatte die Partei einmal erklärt. Man warte auf sie. »Deutsche, die Anhänger des Islams sind«, könnten »genauso Mitglieder der NSDAP sein wie die Anhänger christlicher Konfessionen«, stellte Hitlers Partei-Sekretär Martin Bormann in einem Partei-Rundschreiben einmal klar.

Helmy war der NSDAP in Wahrheit nie beigetreten, und diese falsche Behauptung Helmys war besonders heikel, die Lüge flog rasch auf, weil sich das Auswärtige Amt bei der Partei-Gauleitung gleich nach ihm erkundigte. Eine Strafe gab es erstaunlicherweise nicht. Vielleicht lächelte das Auswärtige Amt Helmys Flunkerei weg, als überschießenden Gehorsam eines deutschfreundlichen Ausländers. Die NS-Strategen waren so dringend daran interessiert, die Loyalität von Muslimen zu gewinnen – womöglich sahen sie da in einem Muslim, der sich ihnen auch auf Kosten der Wahrheit annäherte, etwas Gutes.

Einige von Helmys muslimischen Bekannten biederten sich tatsächlich an, ließen sich umwerben und umschmeicheln und verdienten Geld mit Übersetzungen etwa von Propaganda-Pamphleten oder der Hetzschrift *Mein Kampf*; wobei Hitler, angesprochen auf seine Ausfälle gegen die muslimische »Koalition von Krüppeln« in dem bereits 15 Jahre alten Buch, allerdings zugestimmt hatte, dass »von einer Übersetzung derjenigen Stellen abzusehen sei, die in Anbetracht der heutigen politischen Lage und im Hinblick auf das Empfinden der arabischen Völker für eine Übersetzung nicht geeignet erscheinen«.

Helmy war nicht der einzige Muslim in Berlin, der begann, die Nazis an der Nase herumzuführen. Zumindest nach außen hin machten alle das Spiel der Nazis mit. Der Imam der Wilmersdorfer Moschee etwa, Dr. Abdullah, hatte in seiner Standardpredigt »Was hat der Islam der Menschheit gegeben?« das Wort »Demokratie« kurzerhand gegen das Wort »Volksgemeinschaft« ausgetauscht. In der Zeitschrift *Moslemische Revue* ließ er zunehmend jene zu Wort kommen, die zur Freude des Propagandaministeriums Parallelen zwischen Islam und Nationalsozialismus zu erkennen vermeinten.

Zum Teil war das echte Anbiederung – in der Moscheegemeinde gewannen allmählich deutsche Konvertiten wie Fritz »Hikmet« Beyer die Oberhand, die aus Überzeugung NS-Organisationen angehörten. Im Vorstand verschoben sich die Mehrheitsverhältnisse. Teils war es aber auch Theater, denn derart getarnt beschäftigte die Moschee bis 1935 den jüdischen Schriftsteller Hugo »Hamid« Marcus weiter als ihren Geschäftsführer.

Die Moschee beauftragte den jüdischen Schriftsteller auch nach 1935 weiter damit, den Koran zu übersetzen und zu kommentieren, sie unterstützte ihn mit Geld und organisierte ihm schließlich 1938 heimlich Visumspapiere für das muslimische Albanien und für Britisch-Indien. Er lebte schon im Exil, als man 1939 seine Übersetzung des Korans aus der Druckerei holte und stolz in Berlin präsentierte. Als Urheber dieser ersten »aus der Feder eines Muslims stammenden Übersetzung« mussten aus taktischen Gründen andere genannt werden.

Wenn Anna zu Helmy aufblickte, sah sie einen Mann, der vom Alter her ihr Vater hätte sein können. Ihr echter Vater, Ladislaus Boros, hatte nach der Scheidung in Rumänien einst versprochen, seine Tochter zweimal im Jahr zu besuchen. Aber dann hatte sie ihn doch nur noch ein einziges Mal in Berlin zu Gesicht bekommen, da war sie drei Jahre alt. Bei Helmy hatte sie es jetzt gut, sie hatte ein eigenes Zimmer. Sie kochte gern und war für die Küchenarbeit zuständig. Auch handwerklich war sie geschickt, nähte und strickte. Und sie verstand sich gut mit Emmy, der Verlobten von Helmy. Sie lebten zu dritt. Emmy hatte sich schon als 23-Jährige mit Helmy verlobt. Jetzt, im Jahr 1942, war sie 26 Jahre alt.

Auch Emmy hatte teil an diesem Schauspiel. Auch sie musste sich denjenigen andienen, denen sie sich eigentlich widersetzen wollte. Während Helmys Gestapo-Internierung hatte sie große Angst um ihn gehabt, aber Helmy hatte ihr signalisiert, was zu tun sei – und sie hatte sich mit aufgesetzt nationalsozialistischen Tönen für ihn in die Bresche geworfen. An den Reichsaußenminister von Ribbentrop hatte sie geschrieben: »Verzeihen Eure Exzellenz, wenn ich mit der heißesten Bitte an Eure Exzellenz herantrete, das einliegende Bittgesuch unserem verehrten Führer zu unterbreiten.« Man möge Helmy schonen, der »treu zur nationalsozialistischen Regierung steht«. Die Wortwahl war zwischen Helmy und ihr abgestimmt. An Hitler gewandt, schrieb Emmy: »Politisch hat sich Dr. Helmy seit 1929 für die NSDAP eingesetzt und wurde auch von den Gegnern einmal geschlagen. … Für Sie mein Führer Sieg Heil!«

Solange der Anschein halten würde, dass Helmy ein dem Regime freundlich gesinnter Araber war, hatte er die Möglichkeit, sich selbst zu retten und Anna zu beschützen. Solange die Fassade aufrechterhalten bleiben würde, konnten sie sich frei bewegen – selbst als nun das Zentrum der Berliner Judendeportationen in ihre unmittelbare Nähe rückte. Von August 1942 an fuhren die Deportationszüge nicht mehr vom Güterbahnhof Grunewald ab, sondern vom Güterbahnhof Moabit, nur ein paar Gehminuten von Helmys Wohnung entfernt.

Am 15. August 1942 war von hier aus ein Transport mit 997 Menschen nach Riga gestartet, da wohnte Anna bereits bei Helmy in Moabit. Am 5. September ging ein Transport mit 796 Menschen nach Riga, am 26. September mit 1049 Menschen nach Raasiku, am 19. Oktober mit 959 Menschen nach Riga, am 26. Oktober mit 798 Menschen nach Riga. Die Juden wurden gesammelt, aufgereiht, zu ihrer Ermordung gefahren. Manchmal hörte man Schreie und Gebrüll. Es war unübersehbar in Moabit, und zugleich erhöhten die Menschenjäger der Gestapo auch den Druck auf Untergetauchte, indem sie deren Treffpunkte ausfindig machten und immer größeren Aufwand auf Razzien verwandten.

Von November 1942 an kannten diese Deportationszüge nur noch ein Ziel: Auschwitz. Am 29. November 1942 ging von Moabit aus ein Transport mit 998 Menschen dorthin, am 9. Dezember mit 994 Menschen, am 14. Dezember mit 815 Menschen, am 12. Januar 1943 mit 1196 Menschen, am 29. Januar mit 1004 Menschen, am 13. Februar mit 952 Menschen, am 19. Februar mit 997 Menschen, am 26. Februar mit 913 Menschen, am 1. März mit 1722 Menschen, am 2. März mit 1756 Menschen, am 3. März mit 1726 Menschen, am 4. März mit 1120 Menschen, am 6. März mit 665 Menschen, am 12. März mit 941 Menschen, am 19. April mit 681 Menschen und am 17. Mai mit 406 Menschen. Wenn Anna unter ihrer falschen Identität aus dem Haus ging, wusste sie nie, ob sie zurückkehren würde. Wenn jemand aus ihrem alten Leben sie auf der Straße erkannte, würde er sie jederzeit verraten können.

Die Gestapo verließ sich jetzt nicht mehr nur auf Denunzianten aus der »Volksgemeinschaft«. Auf der Suche nach untergetauchten Juden hatte sie auch bereits einen jüdischen Fahndungsdienst rekrutiert. Arme Seelen, die sich ihr Überleben mit Verrat erkauften, am Ende aber doch ermordet wurden. Allein der als »Greifer« bekannte Fedor Friedländer, so hieß es, sollte bis zu 300 Untergetauchte aufgespürt haben. So groß war inzwischen der Eifer der Verfolger.

Solange ihre Fassade hielt, feilten Helmy und Anna an Annas Auftreten als »Nadja«. Aber mehr noch: Sie reizten ihre kleinen Freiheiten aus. Niemand konnte sagen, wie lange man sie noch haben würde. Mit den Mitteln, die sie als Arzt und Arzthelferin von den Nazis zur Verfügung gestellt bekommen hatten, retteten sie auch andere.

Sie schrieben in ihrer Charlottenburger Arztpraxis Zwangsarbeiter krank; sie bestätigten Deutschen, dass sie zu krank seien, um zu schwerer körperlicher Arbeit herangezogen zu werden. Am Ende befanden sie auch einige als untauglich, dem Volkssturm, dem letzten Aufgebot im lichterloh brennenden Berlin, zur Verfügung zu stehen. Und unter der Hand behandelten sie auch weiter illegal Juden, was der Gestapo nicht lange verborgen blieb. Ein Grund für deren polternde Besuche. Herr Doktor wird gleich für Sie da sein!, beruhigte dann »Nadja« freundlich. Einen kleinen Moment nur, ich hole Herrn Doktor für Sie.

Gemeinsam inszenierten sie ein riskantes Schauspiel als zwei Muslime, die treu zum NS-Staat standen. Und gefährlich war es nicht nur, solange die Gestapo ihnen gegenüber misstrauisch blieb. Fast noch gefährlicher wurde es, als die Gestapo begann, sie beim Wort zu nehmen.

IN DER HÖHLE DES LÖWEN

Ein ehemaliges Nobelhotel. In seinen Ballsälen waren noch bis 1932 rauschende Feste gefeiert worden, jetzt verfiel das einstige Prachtgebäude morbide vor sich hin. Mehr als hundert Zimmer und Suiten verbargen sich hinter der aufwendigen Jugendstilfassade des Hotels Prinz Albrecht, das inzwischen von schwarz uniformierten SS-Männern bewacht wurde. Die Ermordung der Juden Europas dirigierte der SS-Chef Heinrich Himmler von diesem Bau aus.

Die Prinz-Albrecht-Straße grenzte direkt an die Wilhelmstraße, hier war das Zentrum der Macht im Reich, es reihten sich die wichtigsten Ministerien aneinander, auch Hitlers Reichskanzlei. Es wehten Flaggen und kreuzten dunkle Wagenkolonnen. Die SS hatte sich schon 1934 hier eingenistet. Von Jahr zu Jahr hatte sie mehr staatliche Funktionen an sich gezogen und weitere Gebäude in der Umgebung einkassiert. Mit ihrem Terror und ihren Todeslagern überzog sie ganz Europa, aber hier war das Kontrollzentrum. In fast allen Kellern wurde gefoltert, die Straßen waren voller Uniformierter, kurz: Dies war womöglich der letzte Ort auf Erden, den man aufsuchen wollte, wenn man sich 1943 als Jüdin versteckt hielt. Oder wenn man eine Jüdin versteckte.

Die SS hatte Dr. Helmy und »Nadja« einmal an genau diesen Ort zitiert. Schwer, sich auszumalen, wie ihnen zumute gewesen sein muss, als ihr Auto vor dem Hotel zum

Stehen kam. Niemand hatte ihnen bedeutet, worum genau es gehen würde, nur: Herr Doktor solle seinen Arztkoffer mitbringen und auch seine muslimische Assistentin nicht vergessen.

Im Erdgeschoss des Hotels Prinz Albrecht fiel Licht durch alte Arkadenbögen. Hier füllten Helmy und »Nadja« bei der SS-Wache ordnungsgemäß einen Besucherzettel aus. Sie taten wie geheißen, nahmen den Fahrstuhl nach oben. Die Fahrstuhltüren öffneten sich, und dann war es eine seltsame Szene, in deren Mitte sie sich wiederfanden.

Männer standen in Gespräche vertieft beisammen. Den Mittelpunkt ihrer Aufmerksamkeit bildete ein kleiner Herr mit rötlichen Haaren, rötlichem Vollbart und blauen Augen. Damit hatten Anna und Helmy wahrscheinlich am wenigsten gerechnet: Der Mann mit dem Vollbart, ein Palästinenser, um die 50 Jahre alt, trug einen weißen Fez und ein dunkles Gewand. Amin al-Husseini, der Großmufti von Jerusalem, war eine eindrucksvolle Erscheinung, auch seine Entourage trug elegante Kleider. Seit November 1941 umsorgte die SS diese Delegation, mehrere Dutzend Männer. Sie waren Ehrengäste in Berlin, das vielleicht sichtbarste Beispiel für die nationalsozialistische Charme-Offen-

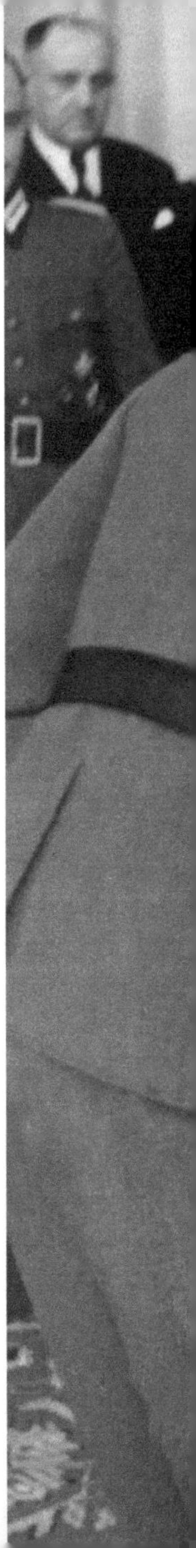

Ehrengast der SS: Heinrich Himmler begrüßt den Großmufti von Jerusalem.

sive gegenüber der muslimischen Welt. Helmy und »Nadja« sollten kommen, um die Herren medizinisch zu versorgen, von Muslim zu Muslim, so hatte sich die SS das vorgestellt.

Nicht dass sie die Wahl gehabt hätten, ob sie sich hineinwagen sollten in diese Höhle des Löwen – wie hätten sie Nein sagen können zu einer Aufforderung der SS? Aber dass sie überhaupt gebeten wurden, hierhin zu kommen, sagte etwas aus über den Erfolg, mit dem sie ihre Rolle als nazifreundliche und regimetreue Muslime spielten. Zweifel waren offenbar nicht aufgekommen. Niemand hatte Annas Maskerade aufgedeckt bis jetzt.

Der Großmufti von Jerusalem war ein gefährlicher Mann für Juden. »Die Juden kann man mit krankheitserregenden Insekten vergleichen«, verkündete er in einer seiner Propaganda-Reden. »Wenn diese weit weg sind, könnte man vermeinen, es handele sich um friedliche Tiere, wird man jedoch von ihnen gestochen und von der Krankheit befallen, dann können nur noch radikale Mittel helfen.« Der Großmufti täuschte seine ideologische Nähe zu den deutschen Judenfeinden nicht vor. Er verkörperte sie wirklich. Und Anna, die ihre Rolle als vermeintlich Arabisch sprechende Muslimin nur improvisierte, stand plötzlich nur wenige Meter entfernt von ihm.

Der Großmufti hatte sich schon früh an die Deutschen gewandt. Am Vorabend des 1. April 1933 – jenes Tages also, an dem vor dem Obstgroßhandel von Annas Familie am Alexanderplatz die SA-Leute zum ersten Mal »Kauft nicht bei Juden!« geschrien hatten – hatte er in Jerusalem dem Botschafter des Reichs seine Gratulation ausgesprochen. Ein Boykott, »um Juden in ihrem Wohlstand zu treffen«, so hatte der Großmufti gelobt, das werde »in der ganzen mohammedanischen Welt mit Begeisterung« Unterstützung finden. Er, der Repräsentant der Muslime Palästinas, könne die Nazi-Regierung in diesem Kurs nur bestärken.

In Ägypten standen deutsche Truppen im Wüstenkampf gegen Großbritannien. Im Irak hatte der antibritische Politiker Raschid Ali al-Gailani gerade gegen die Briten geputscht. Nach wenigen Wochen war er gestürzt. Daraufhin war auch er nach Berlin geflohen, wie der Großmufti – nicht ohne in Bagdad noch ein zweitägiges Pogrom anzuzetteln, bei dem etwa 200 Juden totgeschlagen und 900 Häuser zerstört wurden und das als *al-Farhud* in die Geschichte eingehen sollte. In Berlin stand ihnen eine Tür offen; das NS-Regime hatte eine Vorstellung davon, wie man sie gebrauchen konnte.

Der Großmufti hatte sich schon einen Namen gemacht. Als Helmys geprügelter Arztkollege Dr. Leffkowitz nach Palästina geflohen war, im Herbst 1933, da hatte der Großmufti dort einen arabischen Proteststreik gegen die jüdischen Einwanderer angeführt. Auf Flugblättern und an den Mauern prangte häufig das Hakenkreuz. Als der Großmufti schließlich Ärger mit den britischen »Mandatsherren« Palästinas bekommen hatte, war er auf verschlungenen Wegen geflohen, zeitweise glatt rasiert und in Frauenkleidern, über Iran und die Türkei bis nach Italien. Von dort aus hatte ihn Hitler am 6. November 1941 nach Berlin einfliegen lassen, wenige Tage nach dem Beginn der Juden-Deportationen in der Hauptstadt.

Ein Fez ist ein Hut in der Form eines stumpfen Kegels, gearbeitet aus rotem Filz, versehen mit einer Quaste. Für militärische Zwecke wirkt diese Kopfbedeckung denkbar schlecht geeignet, sie ist weder windschnittig noch wasser- oder gar kugeldicht. Aber sie ermöglicht es dem Träger, beim muslimischen Gebet den Boden mit der Stirn zu berühren. Als eine Großlieferung solcher Feze bei der SS eintraf, dunkelrot, mit schwarzer Troddel oben und metallenem Reichsadler und Totenkopf an der Stirnseite, da schaltete sich der SS-Führer Himmler persönlich ein: Das Design missfiel ihm.

Die Feze, so monierte Himmler in einem Schreiben an seinen Verwaltungschef, den später in Nürnberg hingerichteten Oswald Pohl, müssten »umgefärbt und etwas abgeschnitten werden«, erst dann würden sie sich ausreichend von den Hüten der verfeindeten Marokkaner unterscheiden. Die Marokkaner, bekannt für die höchsten Feze, trugen darauf freilich weder Adler noch Totenkopf. Himmler: »Diese Äußerlichkeiten bedeuten für die Festigung der Division ungeheuer viel.«

Die Hüte waren für den Balkan bestimmt. Bei ihrem Einmarsch dort im Jahr 1941 hatten die deutschen Truppen muslimische Albaner und Bosnier rekrutiert, Helfershelfer für die Jagd auf Titos Partisanen. Nun bemühte sich die SS auf vielerlei Weise, diese Männer bei Laune zu halten, vor allem aber, in einem kuriosen Gegensatz zu ihrer sonstigen Politik, sie an ihre Religion zu erinnern und die Entstehung einer islamischen Identität unter ihnen zu befördern, wie es die SS ausdrückte. Die Deutschen hielten die Rekruten an, die muslimischen Gebetszeiten einzuhalten. Feld-Imame predigten zu ihnen über Hitler, »der für Gott, Glauben, Sittlichkeit und eine schönere und gerechtere Ordnung in der Welt kämpft«. So formulierte es der Divisions-Imam der bosnischen Handžar-Einheit der SS – benannt nach dem orientalischen Krummsäbel – in einer festlichen Ansprache im Jahr 1943.

Für solche Propagandaspiele nutzten die Nazis den Großmufti von Jerusalem. Er sollte muslimische Freiwillige rekrutieren, mit Rundfunkansprachen die muslimischen Bevölkerungen aufwiegeln. Für seine Dienste bekam er in Berlin eine »arisierte« Villa, Büros und Residenzen, in der Goethestraße in Zehlendorf, zudem im Hotel Adlon und im früheren Jüdischen Institut in der Klopstockstraße. Den Aufenthalt versüßten ihm eine üppige Apanage von 75 000 Reichsmark im Monat, scharfe Aufpasser von der SS und die vage Hoffnung, Hitler werde eines Tages seinen Plan für ein unabhängiges Palästina unterstützen – womöglich mit ihm, dem Großmufti, als einem Menschen mit dann wirklicher Macht.

Vier der sechs »Freiwilligen«-Legionen, die die Wehrmacht im Osten aufbieten konnte, waren muslimisch: eine Kaukasisch-Mohammedanische Legion mit 25000 bis 38000 Soldaten, eine Nordkaukasische Legion mit 28000 Soldaten, eine Wolgatatarische Legion mit 35000 bis 40000 sowie eine Turkestanische Legion mit 110000 bis 180000 Soldaten. Ihr Abzeichen zeigte den Wahlspruch *Biz Alla Bilen*, »Allah ist mit uns«, darüber die Shah-i-Sinda-Moschee von Samarkand, einem der heiligsten Orte für die Muslime Zentralasiens. Drei muslimische Bataillone nahmen auf deutscher Seite an der Schlacht um Stalingrad teil. Sogar noch im Herbst 1944 zog die SS ihr 1. Ostmuslimisches Regiment kurzfristig von der Ostfront ab: Sie wollte mit ihm das Ende des Ramadan am 18. September feiern. Mit einem großen Gottesdienst bei Sonnenaufgang.

Es ist zweifelhaft, ob Religion als Antrieb dieser »Freiwilligen« eine große Rolle spielte. Es waren Kriegsgefangene; die deutsche Uniform zogen sie oft nur an, damit man sie verschonte. Dennoch glaubte die SS an die Kraft ihrer religiösen Propaganda. »Der Islam ist unserer Weltanschauung sehr ähnlich.« Dieser Satz wird dem SS-Führer Himmler zugeschrieben, der am Islam angeblich besonders den Märtyrerkult schätzte, die 72 Jungfrauen, die angeblich jeden Märtyrer erwarten. »Diese Sprache versteht der Soldat.«

»Nadja« war Araberin, aber Anna sprach in Wahrheit kein Arabisch. Sie war ja nur Helmys Arzthelferin, sie hielt sich im Hintergrund, wich nicht von seiner Seite, um auf diese Weise nicht in ein Gespräch mit einem der arabischen Herren verwickelt zu werden. Vielleicht half ihr der Umstand, dass von einem Mädchen wie ihr ohnehin erwartet wurde, dass es Gespräche erwachsener Männer nicht störte. Falls ein Mitarbeiter des Muftis sie angesprochen haben sollte, konnte Anna vielleicht noch ausweichen, indem sie erzählte, worauf sich Helmy und sie für solche Fälle abgestimmt hatten: dass sie seit ihrer Kindheit in Dresden gelebt und leider, leider nie richtig Arabisch gelernt habe. Aber es muss die bislang größte Probe für ihre Verstellungskunst gewesen sein. Sobald man sie mehr fragte, muss Anna sehr schnell sehr einfallsreich gewesen sein.

Für jüdische Kinder hatte der Großmufti keine Gnade übrig. Im Gegenteil. Als er Ende 1942 gegen den deutschen Plan protestierte, 4000 jüdische Kinder aus der Slowakei, Polen und Ungarn unter Vermittlung des Roten Kreuzes nach Palästina ausreisen zu lassen, um im Gegenzug deutsche Zivilinternierte freizubekommen, konnte der Großmufti sich durchsetzen. Die Aktion wurde gestoppt. Der

Mufti hatte dem SS-Führer Himmler beim Tee im Hotel Prinz Albrecht seine Bedenken vorgetragen: Diese Kinder wären in einigen Jahren ja erwachsen und »eine Stärkung des jüdischen Elements in Palästina«.

Im August 1942 warfen die Nazis 296 000 Flugblätter über Syrien ab, in denen sie vor einem jüdischen Staat warnten, der nach einem militärischen Sieg Großbritanniens einen großen Teil des Nahen Ostens bedecken würde. Ins selbe Horn stieß der Großmufti anlässlich des islamischen Neujahrsfestes am 17. Dezember 1944 in einer in die gesamte arabische Welt ausgestrahlten Rundfunkrede: »Wir wollen uns nicht mit weniger begnügen als die freien Nationen, die eine echte Unabhängigkeit erkämpft haben, eine Unabhängigkeit, die keinem Ausländer Zugang erlaubt und keinem Juden Platz lässt, in der das ganze arabische Vaterland allein für sein arabisches Volk zur Verfügung steht.«

Hitler hatte dem Großmufti in Berlin versichert, dass zu Deutschlands »kompromisslosem Kampf gegen die Juden« selbstverständlich »auch der Kampf gegen die jüdische Heimstätte in Palästina« gehöre, »die nichts anderes sei als ein staatlicher Mittelpunkt für den destruktiven Einfluss der jüdischen Interessen«. Auf konkrete Hilfszusagen der Nationalsozialisten für seine Palästina-Pläne wartete der Mufti allerdings vergeblich.

In die Nähe dieses Mannes also war Anna geraten. »Angst ist ein Wort, das in ihren Erzählungen nie vorkam«, erzählte viele Jahre später einmal Annas Sohn. Aus ihm sprach da nicht nur Bewunderung für Anna, die mit 17 Jahren Derartiges durchgestanden hatte, sondern geradezu Fassungslosigkeit. Vielleicht war es Annas Fähigkeit, ihre

Gefühle in sich einzuschließen – derselbe Charakterzug, den sie in ihrer Kindheit als qualvolle Unfähigkeit empfunden hatte, mit jemandem über ihr Innerstes zu sprechen. Jetzt rettete ihr diese Verschlossenheit das Leben.

ÜBER NACHT MUSLIMIN

Das Haus in Moabit lag still in der Dunkelheit. Anna musste keine Prüfung über sich ergehen lassen und keine Zeremonie. Trotzdem war sie nervös, als in dieser Juninacht der Mann an die Wohnungstür klopfte, auf den Helmy gewartet hatte. Der Mann, klein und geduckt, mit kurz geschorenem weißen Haar und einem Bärtchen auf der Oberlippe, das, wie ein deutscher Reporter später einmal abfällig schrieb, »die mäuseähnlichen Züge seines Gesichts noch unterstrich«, war für Anna kein Unbekannter. Anna hatte ihn schon einmal gesehen: bei der SS im Hotel Prinz Albrecht.

Der Mann hatte dem Großmufti dort Dinge auf Arabisch eingeflüstert. Anna erinnerte sich noch genau an seine Gesten, wie er sich verstohlen an der Nase zupfte, seine Backen aufblies oder den Finger verschwörerisch an seine Lippen legte. Er war die rechte Hand des Großmuftis. Ein Mitarbeiter im Zentrum der antisemitischen Agitation. Sein Name war Kamal el-Din Galal, er war der Generalsekretär des Islamischen Zentralinstituts zu Berlin. Wie kann man ihm bloß vertrauen?, hatte Anna ihren Beschützer Helmy entsetzt gefragt.

Gerade deshalb kann er dir helfen, hatte Helmy versucht, sie zu beruhigen.

Er hatte begonnen, einen Plan zu entwickeln, der Anna auch dauerhaft einen Ausweg eröffnen sollte. Dies nun sollte der erste Schritt sein: Am 10. Juni 1943 organisierte er ihren Übertritt zum Islam. Die Urkunde, die das bezeugen sollte, stammte vom Islamischen Zentralinstitut, dessen Schirmherr ausgerechnet der Großmufti und Hitler-Freund Amin al-Husseini war. Zu Helmys Studienzeit war dies nur einer von vielen Vereinen und Diskussionszirkeln gewesen, Helmys Freund Riad Ahmed Mohammed leitete die Runde in den vom Kaiser gestifteten und mit allerlei Kamelmotiven bepinselten Räumen zeitweise. Es lag ein halbes Jahr zurück, dass dieses Institut unter neuem Vorzeichen feierlich »neueröffnet« worden war. Es hatte einen Festakt mit Blumengestecken im Prinz-Albrecht-Palais gegeben, dem »Haus der Flieger«. Das Nachbargebäude zur SS-Zentrale Himmlers.

Nachmittags um halb fünf, am Tag des Opferfests Eid al-Adha am 18. Dezember 1942, war der Großmufti vor die Mikrofone getreten. Er hatte sich als »Führer der arabischen Welt« bejubeln lassen, vor allem von Diplomaten und Uniformierten mit ausrasierten Nacken, die zahlreich gekommen waren.

Der Großmufti erfuhr jetzt natürlich nichts davon, dass er für den islamischen Übertritt von Anna, einer Jüdin, Pate stehen sollte. Helmys Plan sah vor, dass er nicht merken würde, wie ihm hinter seinem Rücken ein jüdisches Mädchen untergeschoben würde. Die Nazis pflegten so enge Bande mit dem Mufti, dass Helmy hoffte, sie würden die Herkunft seiner angeblichen Gemeindemitglieder nicht näher untersuchen oder, falls doch, vielleicht darüber hinwegsehen. Eine Nadja mehr in der muslimischen Gemeinde, wem würde das schon auffallen?

An der Wohnungstür in dieser Nacht begrüßten Helmy

und Galal sich leise. Die Nachbarn in der Krefelder Straße 7 sollten nichts hören durch die dünnen Wände.

Sie waren alte Freunde. Wie Helmy war Galal Ägypter. Einst waren sie gemeinsam nach Berlin gekommen. 1922, frisch nach ihrem Schulabschluss, hatten sie als Studenten gemeinsam Deutsch gelernt. Dann war Galal politisch geworden. Anders als Helmy hatte er sich als lautstarker Gegner der am Nil herrschenden britischen Kolonialisten hervorgetan. In Berlin hatte er sich an allerlei Protesten beteiligt, hatte vor der britischen Botschaft Plakate hochgehalten und dem Botschafter Unterschriftenlisten überreicht.

Ein Araber, der Stimmung gegen die Briten machte? Das hatte den Nazis gefallen. Sie hatten Galal Zeitungswissenschaften und »Völkische Erziehung« studieren lassen. 1939 hatten sie ihn zudem gebeten, die Redaktion der vom Propagandaministerium gegründeten Zeitschrift *Bariq al-Sharq* zu übernehmen, der »Orient-Nachrichten«, die vor allem in den nordafrikanischen Kriegsgebieten und unter Kriegsgefangenen verteilt wurden. Natürlich verschonten sie Galal, als sie im September 1939 einige Araber in Haft nahmen, unter ihnen Helmy. Der Propaganda-Schreiber Galal sei als »zuverlässig bekannt«, lobte damals das Auswärtige Amt. Er sei »von Nutzen« für das NS-Regime. Er genoss also Schutz. Aber er vergaß seine Freunde nicht.

Er besuchte Helmy in der Gestapo-Haft, und er plädierte für dessen Freilassung; wenn auch vergebens. Galal war als Freund der Nazis bekannt, und schon damals hatte er versucht, sie zu überzeugen, dass auch Helmy ein solcher sei und man ihn deshalb gut behandeln müsse.

Dennoch war Galal jetzt bereit, gemeinsam mit Helmy dem jüdischen Mädchen zu helfen – bei Nacht, mit entwendeten Briefköpfen und Stempeln. Helmy kannte seinen Freund Galal schon lange genug, um zu wissen: Auch Galal spielte eine Rolle. Er arbeitete zwar für den Großmufti; aber dessen Antisemitismus teilte er nicht. Wäre er ein solcher Fanatiker gewesen wie der Großmufti, der Juden aus tiefster Überzeugung den Tod wünschte, dann hätte er nun nicht mitgewirkt an Helmys heimlichem Plan.

Vielleicht legte sich eine feierliche Ruhe über die beiden alten Freunde, als sie Anna ihr Vorhaben erklärten. Die Wohnung in Moabit war dunkel, die Tür abgeschlossen, die Gardinen zugezogen. Vielleicht ließen sie Anna das muslimische Glaubensbekenntnis aufsagen, die Schahada? *La ilaha illa 'llah. Muḥammadun rasulu 'llah.* – Es gibt keinen Gott außer Gott. Mohammed ist der Gesandte Gottes. Vielleicht verzichteten sie auch darauf, es war ja schon absurd genug. Hier ging es nicht um einen religiösen Akt, sondern um einen humanitären.

Helmys Verlobte Emmy hatte nie irgendwelche Anstalten gemacht, zum Islam zu konvertieren, und Helmy hatte auch nie irgendwelche Anstalten gemacht, sie deshalb weniger zu lieben. Trotzdem würde er sich sein Leben lang als Muslim bezeichnen, vor religiösen Formen hatte er Respekt. Und die Schahada, das muslimische Glaubensbekenntnis? Die Worte würden doch eher entwertet, wenn einer sie hohl dahersagte, ohne es ernst zu meinen.

Auch Annas Familie war nie besonders religiös gewesen. Man hatte der Berliner Jüdischen Gemeinde angehört, das natürlich schon. Im Frühjahr hatte man singend und Wein trinkend Pessach gefeiert, also den Auszug der Hebräer aus der Sklaverei in Ägypten, angeführt von Moses, dem jüdischen Adoptivsohn in der Familie des Pharaos. »Ihr kennt die Seele des Fremden, weil ihr selbst Fremde in Ägypten wart«, so sagt Gott in der Torah zu den Hebräern.

Aber zum Essen hatte Annas Mutter dann manchmal ungarische Fleischbällchen aufgetischt, mit Milch angerührt. Sehr schmackhaft, aber so unkoscher wie nur irgendetwas. Man wünschte sich *Massel tov*, auch wenn das zu Festtagen eigentlich nicht der passende Gruß ist, es bedeutet »herzlichen Glückwunsch«, nicht »frohes Fest«. Wenige Tage später wünschte man einander genauso auch frohe Ostern. So locker nahm man die Dinge.

Trotzdem würde sich Anna ihr Leben lang als jüdisch begreifen. Dass ihr Übertritt zum Islam in dieser Nacht reine Schau war, war ihren muslimischen Beschützern Helmy und Galal bewusst, aber herzlich egal.

Galal war arabischer Nationalist; er wünschte den Kolonialmächten die Niederlage im Krieg, notfalls auch mithilfe der Nazis. Als Helmy und die anderen Berliner Ägypter 1939 in der Internierung schmorten, hatte Galal die Gelegenheit genutzt, dass Riad Ahmed Mohammed in Haft saß, der politisch gemäßigte Leiter des Islam-Instituts – ein Rivale. Riad Ahmed Mohammed hatte noch allerlei weitere Vereine geleitet, die Islamische Gemeinde, die Deutsch-Moslemische Gesellschaft, und er stand für einen vergleichsweise großbritannienfreundlichen, nicht militant antikolonialen Kurs.

Galal also hatte geputscht gegen seine Landsleute, er sorgte dafür, dass im November 1939 die gesamte Führung des Berliner Islam-Instituts ausgewechselt wurde, und machte sich selbst zu dessen neuem Generalsekretär. So war er ins Zentrum der Macht gerückt, zumindest in jenes der überschaubaren muslimischen Macht in Berlin. Als der Großmufti mit seiner großen Entourage 1941 ankam, brauchte er jemanden, der ihm in Deutschland zur Hand ging und ihm die hiesigen Gepflogenheiten erklärte – und die SS und das Auswärtige Amt hatten sich an Galal gewandt. Zu ihm hatten sie Vertrauen.

Gleichzeitig war es so, dass Helmy und Galal sich noch gut an ihre Studienzeit erinnern konnten, als der Berliner Imam seinen ersten Artikel in der *Moslemischen Revue* genutzt hatte, um den Antisemitismus als primitive Verirrung der Christen zu geißeln. »Die Juden sind von den Christen stets verfolgt worden«, hatte der Imam 1924 beklagt. »Die Welt hat die bitteren Folgen nationalen Hasses und religiöser Voreingenommenheit immer wieder zu spüren bekommen. Der Weltkrieg hat ganz Europa gelähmt und in Not und Elend gestürzt. So sollten die Nationen endlich klug werden und alle Mittel versuchen, damit ein solches Elend sich nicht wiederhole. Sie sollten alles vermeiden, was Haß erzeugt. Deshalb sollte auch jeder die Religion des andern anerkennen. Man müßte das, was die Religionen gemein haben, würdigen.«

Galal arbeitete tagsüber zwar pflichtschuldig für den Großmufti, aber hin und wieder ließ er sich bereits anmerken, wie es in seinen Ohren klang, wenn der Großmufti etwa tönte, der Koran zähle alle Eigenschaften der Juden auf: Dabei »belastete er sie mit dem ewigen Fluch und verurteilte sie dazu, es nie zu etwas Gutem zu bringen, da sie den göttlichen Fluch auf sich tragen. Dieser göttliche Fluch drückt sich in dem niederträchtigen Charakter der Juden und ihrer Zuneigung zum Bösen aus.«

Einmal wollte SS-Chef Himmler, offenbar beeindruckt

von solchen Reden des Großmuftis, den Koran nach Textstellen durchsuchen lassen, die als Belege dafür interpretierbar seien, dass Hitler »bereits vorausgesagt und beauftragt sei, das Werk des Propheten zu vollenden«. Man wandte sich an Galal. Bitte, für wie dumm hielt man die Berliner Muslime? Galal hatte abgewunken.

Doch offenbar nicht deutlich genug, denn ein anderer Nazi-Führer ließ nicht locker. Er wisse es besser, dozierte der Chef des Reichssicherheitshauptamtes, Ernst Kaltenbrunner: Die Person Hitlers eigne sich doch vortrefflich »als der im Koran vorhergesagte wiedergekehrte Isa (Jesus), der nach Art des Ritters Georg den am Ende der Welt erscheinenden Riesen und Judenkönig Dadjdjal besiegt«; eine Figur, die man im Koran vergeblich sucht.

Eine Million Flugblätter wollte die SS drucken lassen. Sie sollten sich auf die Haltung der Muslime Südosteuropas »günstig auswirken« und auch in Palästina antisemitische Tendenzen verstärken. Auf dem Flugblatt standen jedoch lediglich »einige zusammenhanglose Sätze, die meiner Ansicht nach nur in den Papierkorb gehören«, erklärte Galal kopfschüttelnd. Er machte aus seiner Meinung auch gegenüber dem Propagandaministerium kein Geheimnis. »Das ist leider alles, was ich über diese Angelegenheit sagen kann«, schrieb er Goebbels' Leuten.

13,5 mal 17,5 Zentimeter maßen die Flugblätter, die die SS dann trotzdem bedrucken ließ, völlig unbeirrt von den sachlichen Einwänden Galals. Eine Million Mal. »O Araber, seht ihr, dass die Zeit des Dadjdjal gekommen ist? Erkennt ihr ihn wieder, den feisten, kraushaarigen Juden, der die ganze Welt betrügt und beherrscht und den Arabern ihr Land stiehlt? … O Araber, kennt ihr den Diener Gottes? Er ist bereits auf der Welt erschienen und schwingt schon seine Lanze gegen den Dadjdjal und seine Verbündeten, und hat ihnen schon schwere Wunden geschlagen.« Galal blieb bloß ein Kopfschütteln.

Natürlich wusste er, wie hoch der Islam beim NS-Regime jetzt im Kurs stand. Und genau wie Helmy erkannte er darin eine Überlebenschance. Um die Muslime zu umschmeicheln, steigerten sich hohe Nazi-Führer immer mehr in eine bizarre Verehrung des Islam hinein. »Als die Mohammedaner im achten Jahrhundert über Frankreich nach Mitteleuropa vordringen wollten«, so zitierte Albert Speer in seinen Memoiren aus einem der berüchtigten Monologe Hitlers, »seien sie in der Schlacht von Poitiers zurückgeschlagen worden. Hätten die Araber diese Schlacht gewonnen, wäre die Welt heute mohammedanisch.« Die sogenannte Islamisierung des Abendlandes also – Hitler fuhr fort zu erklären, dass dies eine schöne Vorstellung sei. »Denn sie hätten damit den germanischen Völkern eine Religion aufgenötigt, die durch ihre Lehre: den Glauben mit dem Schwert zu verbreiten und alle Völker diesem Glauben zu unterjochen, den Germanen wie auf den Leib geschrieben sei. Infolge ihrer rassischen Unterlegenheit hätten sich die Eroberer auf die Dauer nicht gegen die in der raueren Natur des Landes aufgewachsenen und kräftigeren Einwohner halten können, sodass schließlich nicht die Araber, sondern die mohammedanisierten Germanen an der Spitze dieses islamischen Weltreiches gestanden hätten.«

Hitler, eingegraben in seinem Bunker unter dem bereits brennenden Berlin, pflegte diese Erzählung mit der Betrachtung zu schließen: »Wir haben eben überhaupt das Unglück, eine falsche Religion zu besitzen ... die mohammedanische

Religion wäre für uns viel geeigneter als ausgerechnet das Christentum mit seiner schlappen Duldsamkeit.«

Aber Galal war auch längst klar, was für ein durchsichtiges Schauspiel dies vonseiten der Nazis war, wie wenig aufrichtig die von den Nazis betonte Zuneigung zum Islam in Wahrheit war. Er hatte ja selbst erlebt, wie die NS-Ideologen solche Töne erst nach einer Reihe von propagandistischen Wendungen angeschlagen hatten. Imam-Gebete für Hitler, religiöse Beschwörungen aus dem Munde von NS-Offizieren: Die Nazis erkannten eine strategische Chance darin, an religiöse Gefühle zu appellieren, das schon. Aber sie waren flexibel. Noch auf der Weihnachtsfeier der NSDAP in München 1925 hatte Hitler erklärt, der Nationalsozialismus sei nichts anderes als »eine praktische Befolgung der Lehre Christi«.

Im Zirkus Krone zu Beginn der 1920er-Jahre, vor katholischen Kleinbürgern, entwurzelten Soldaten und deklassierten Akademikern, hatte der NSDAP-Demagoge sich noch selbst mit Jesus verglichen: »Wir sind zwar klein, aber einst stand auch ein Mann auf in Galiläa, und heute beherrscht seine Lehre die ganze Welt.« Und in einem Brief an Bayerns konservativen Ministerpräsidenten Gustav Ritter von Kahr schrieb der NS-Propagandist Rudolf Heß 1921, Hitler sei »ein selten anständiger, lauterer Charakter, voll tiefer Herzensgüte, religiös, ein guter Katholik«. Reine Show? Natürlich. Genau wie die später plötzlich entdeckte Hochachtung für den Islam.

Es schien, als ob die Nazis, um den scharf judenfeindlichen Islam zu bekommen, den sie sich vorstellten, diesen mithilfe des Großmuftis erst selbst heranzüchten mussten. Sie versuchten es in Dresden. Durch die Gardinen einer

Villa im vornehmen Stadtteil Blasewitz, die einst einer jüdischen Familie gehört hatte, dann als »Judenhaus« zum Zusammenpferchen der Todgeweihten genutzt worden war und schließlich leer gestanden hatte, sah man hin und wieder eine »geheimnisvolle ... mohammedanische Arbeitsgruppe« tagen. So notierte es Victor Klemperer, der im Untergrund versteckte Bruder des jüdischen Medizinprofessors Georg Klemperer, bei dem Helmy einst im Krankenhaus gearbeitet hatte.

SS-Männer trugen Vasen hinein. Mosaike im zentralasiatischen Stil und Kacheln mit Koranversen folgten. Es war ein Geheimprojekt: die SS-Mullah-Schule. Unter der Ägide des Großmuftis wurden dort mehrere Dutzend muslimischer Geistlicher ausgebildet – die NS-freundlichen Einpeitscher von morgen.

Das muslimische Berlin war ein Schmelztiegel gewesen. Gut für Anna, gut für »Nadja«: Es war eine Welt der fließenden Übergänge entstanden, Rolf wurde zu Mohammed, Ingeborg zu Amina, es gab Doppel-Vornamen, Doppel-Nachnamen. Das wussten Helmy und Galal, und das schuf günstige Voraussetzungen für das Verwirrspiel, das sie nun mit Annas Verwandlung in »Nadja« inszenieren und sich zunutze machen wollten.

In den 1920-Jahren waren viele Sinnsuchende zur Moschee gekommen. »Glückselig die Wahnsinnigen«, hatte damals der französisch-jüdische Satiriker Yvan Goll gewitzelt, »die sich den Klassikern zuwandten, der Phänomenologie, der Numismatik, dem Taoismus oder einer der verschiedenen Sekten, die ihre Patente auf Gott angemeldet hatten.« Die Folge: Ein Drittel der Muslime Berlins waren

Konvertiten. Ein Wunder, wenn jemand da noch den Überblick behalten konnte. »Ein paar Handvoll buddhistischer Reis, drei Teelöffel christliches Weihwasser, ein wenig muselmanisches Rosenöl, eine jüdische Knoblauchzehe, dazu ein Gran Platon«, schrieb Goll, »das ergab einen Kuchen, der angenehmer schmeckte als das tägliche, in einen zänkischen Zeitungsartikel gewickelte Kommiss-Brot.«

Eine Zeit lang hatte die Wilmersdorfer Moschee sogar Reklame damit gemacht, wie einfach es sei zu konvertieren. »Um Moslem zu werden, ist keinerlei Zeremonie erforderlich. Der Islam ist nicht nur eine rationale, weitverbreitete und praktisch-nützliche Religion, sondern er steht auch in vollem Einklang mit den natürlichen menschlichen Anlagen. Jedes Kind wird mit diesen Anlagen geboren. Daher bedarf es bei niemandem einer Umwandlung, um Moslem zu werden. Man kann Moslem sein, ohne es irgendjemandem zu sagen. Es ist nur eine reine Formsache für die Organisation, sich zum Islam zu bekennen.«

Selbst wenn die Nazis seither mit ihren Rassengesetzen versucht hatten, neue Grenzen hochzuziehen, so hart und unverrückbar, dass zumindest Juden nicht mehr daraus würden ausbrechen können, so bestand für Anna doch die Hoffnung, dass sich irgendwo in diesem Gewirr die Spur eines Menschen auch verlieren könnte.

»Berlin, den 10. Juni 1943«, tippte Galal in die Schreibmaschine. Es war ein Donnerstag. Es war eine sternklare Nacht, keine Wolke am Himmel und kein Bombenalarm. Auf das Blatt für Annas vermeintlichen religiösen Übertritt tippte Galal in Sperrschrift: B e s c h e i n i g u n g. Oben im Briefkopf stand der Name des Großmuftis. »Mit dem Übertritt von Fräulein Annie Boros zur islamischen Religion ist sie nun Muslimin geworden.« Darunter setzte Galal seine eigene Unterschrift.

So bekam die muslimische Fantasiefigur Nadja in dieser Juninacht erstmals ein offizielles Papier.

MARIAGE BLANC

Es war ein ganzes Netzwerk von arabischen Vertrauten, das Helmy half, Anna zu beschützen. Aber wie sehr staunte sie noch immer über die so unterschiedlichen Charaktere, denen Helmy sein riskantes Geheimnis anvertraute: Eben noch der Propaganda-Schreiber Galal, der eng an der Seite des dröhnenden, antisemitischen Großmuftis und des Hass speienden Goebbels für die Nazis arbeitete; und nun ein Jazzmusiker, der Klarinetten und Crêpe-Kleider liebte?

Tiefschwarze Nacht herrschte, als sie sich zur »weißen Hochzeit« trafen in Helmys Wohnung. Anna und der Musiker Hammad. Es war der 16. Juni 1943, Annas Übertritt zum Islam lag gerade eine Woche zurück. Das Datum hatte Helmy ausgesucht für diese *Mariage blanc*, wie man in Ägypten sagte. Für eine Ehe also, die nur für die Papiere geschlossen wurde. Dies war der zweite Schritt in Helmys Plan, um für Anna einen legalen Ausweg aus Berlin zu schaffen. Erst der Übertritt zum Islam. Nun, zweitens, die Ehe mit einem Muslim. So sollte die Fantasiefigur Nadja allmählich wirklich werden.

Die Wohnungstür öffnete sich einen Spalt. Licht fiel hinaus in den Gang. Hinein kam Abdel Aziz Helmy Hammad. Er war 36 Jahre alt, fünf Jahre jünger als Helmy. Wenn er von einem typischen Freitagabend erzählte, im dritten Jahr des Krieges, dann war er zum Beispiel in Begleitung zweier Freunde aus Wien gewesen, eines Herrn Barth und eines Fräulein Milla. Zu dritt hätten sie irgendwann nach zehn die Uhu-Bar in der Lutherstraße betreten. »Wir setzten uns gemeinsam an einen Tisch und tranken 6 Flaschen Sekt.«

Er verstand es offenbar noch immer, gut zu leben, wie Anna bemerkte, denn mit gesenkten Lidern erzählte er, wie Mampe-Likör und Mumm-Sekt aus unerschöpflichen Quellen weiterflossen. »Sodom und Gomorrha waren in Berlin wiederauferstanden.« So hatte ein ausländischer Besucher einmal gefeixt. Helmy und der Jazzmusiker Hammad hatten sich 1939 in der Gestapo-Haft kennengelernt, dort waren sie Freunde geworden.

Aus der Dunkelheit kamen noch zwei Trauzeugen ins Licht der Wohnung – was Anna irritierte. Sie sah Helmy an. War es denn nötig gewesen, noch mehr arabische Freunde in den geheimen Plan einzuweihen?

Aber ohne Trauzeugen wäre es keine gültige Scharia-Ehe, so hatte Helmy ihr geantwortet. Dann bräuchte man diesen neuen Plan ja gar nicht erst zu versuchen.

Einer von ihnen war Mohammed Sulaiman as-Safar, ein Berliner Freund. Der andere war Riad Ahmed Mohammed – just jener Ägypter, der während seiner Gestapo-Haft 1939 von dem arabischen Nationalisten Kamal el-Din Galal politisch ausgebootet und entmachtet worden war. Helmy war offenbar mit beiden befreundet. Mit dem Feind der Briten und mit dem Freund der Briten. Es ist bemerkenswert, dass beide bereit waren, mit ihm gemeinsam eine Jüdin zu beschützen, so unterschiedlich, ja verfeindet sie auch sonst in ihrer Haltung waren. Während Helmy den Nazis vorderhand vorgaukelte, dass man absolut NS-treu geworden sei, knüpfte er insgeheim ein immer größeres Netz.

Die Idee hatte Helmy schon länger gehabt, bereits seit November 1942 – damals hatte er Anna klären lassen, ob denn das rumänische Konsulat etwas dagegen hätte, wenn sie ihren rumänischen Pass verlöre und stattdessen, durch Heirat, einen ägyptischen erhielte. Die amtliche Antwort gab ihm Grund zur Hoffnung: »Wir bemerken, dass, falls Ihre Eheschliessung aegyptischerseits genehmigt und hier rechtsgültig vollzogen wird, Fraeulein Boros, soweit uns bekannt ist, durch Heirat die aegyptische Staatsangehoerigkeit erwerben wuerde.«

Helmy hatte schon einiges versucht, um Anna einen ägyptischen Pass zu beschaffen, mit dem sie das Land in Richtung Ägypten und weiter nach Palästina hätte verlassen können. Er hatte versucht, Anna zu adoptieren. Sein Antrag war abgelehnt worden. Allen Versuchen, Anna ins Ausland zu bringen, stellten sich »unüberwindliche Schwierigkeiten in den Weg«, erinnerte sich Helmy später. Vielleicht hatte er dann, als die Not groß wurde, die Geschichte von Risa Wortsmann gehört.

Das jüdische Mädchen aus Wien war 1938 in Berlin aufgetaucht. Sie war damals 17 Jahre alt gewesen, genauso wie Anna jetzt. Risa hatte in einem Wiener Tanzlokal einen hübschen ägyptischen Chemie-Studenten kennengelernt, der sich Harry nannte; in Wirklichkeit hieß er Hussein. Gemeinsam waren sie nach Berlin gekommen, um ihre Heirat anerkennen zu lassen. Es war ein Bangen und Hoffen, man musste die Papiere im ägyptischen Konsulat vorlegen und abwarten, ob die Diplomaten zustimmen würden. In Risas

Ägypten war für Juden im Zweiten Weltkrieg ein Sehnsuchtsort.

Fall gelang es. So bekam sie die ägyptische Nationalität von Harry, und auf diese Weise konnte nicht nur sie selbst nach London ausreisen, sondern in der Folge auch ihre gesamte Familie.

Helmy nahm in seiner Wohnung auf dem Boden Platz. Er würde für Anna sprechen, als *Maasun*, wie man in Ägypten sagte, als älterer Vertrauensmann, der die Hochzeitszeremonie leitete und im Namen der Braut sprach. Anna

würde bei ihrer Trauung schweigen. Die beiden Trauzeugen setzten sich ebenfalls.

»Scharia-Ehe«, schrieb Helmy auf ein Blatt Papier. Eine religiöse Ehe musste es sein, anders ging es nicht. Nur so gab es die Chance, dass Anna den Gang zum Standesamt würde vermeiden können, durch den sie spätestens aufgeflogen wäre. Annas Übertritt zum Islam wenige Tage zuvor scheint lediglich die Vorbedingung für diese Zeremonie gewesen zu sein: ein religiöser Vorgang, von dem man die Behörden hinterher nur in Kenntnis setzen würde – in der Hoffnung, dass sie möglichst wenige Fragen stellten.

Vielleicht hatte Helmy schon von den Scheinehe-Netzwerken gehört, die bis nach Ägypten reichten. Vor allem das jüdische Krankenhaus in Alexandria war zur Drehscheibe dafür geworden. Es gab dort eine findige Krankenschwester, Thea Wolf aus Essen. Sie bestach die Mitarbeiter der ägyptischen Hafenpolizei mit kostenlosen Beschneidungen für ihre Söhne. So war die Hafenpolizei milde gestimmt und ließ illegale jüdische Bootsflüchtlinge aus Europa zu ihr kommen, anstatt sie zu verhaften. Die Krankenschwester fand dann Ägypter, die zur *Mariage blanc* bereit waren. Man zahlte 50 ägyptische Pfund bei der Hochzeit und noch mal 50 bei der Scheidung.

Der Trick funktionierte, er rettete vielen Menschen das Leben. Einigen der auf diese Weise eingebürgerten Jüdinnen »gelang es sogar, ihre Eltern zu einem Besuch nach Ägypten einzuladen«, schrieb die Krankenschwester später in ihren Memoiren, »sie kamen und entgingen im Lande des ewigen Nils dem Holocaust«. Etwas Ähnliches wollten Helmy und seine Mitverschwörer nun für Anna erreichen.

Helmy setzte den Füller auf das Papier. Er schrieb in etwas gestelztem Arabisch: »Am Abend des Mittwochs, 16. Juni 1943, ist geschehen die Heirat des Herrn Abdel Aziz Helmy Hammad, der das Alter 36 erreicht hat und geboren ist in Fakous in der Provinz Sharkiya am 6. Mai 1906 und der jetzt wohnhaft ist in der Stadt Berlin in der Johann-Georg-Straße 23. Die Ehe wurde geschlossen mit dem Fräulein Nadja Boros, die Muslimin ist, geboren am 22. November 1925 in Arad im Staate Rumänien, die rumänische Staatsangehörigkeit besitzt und wohnhaft ist in der Stadt Berlin, Neue Friedrichstraße 77.«

Der Bräutigam war nicht nur Jazzmusiker, sondern seit Jahren auch mutig im Widersetzen gegen die Nazis – Helmy hatte also allen Grund, in dieser heiklen Sache ausgerechnet ihm zu vertrauen. Hammad war jemand, der die muslimisch-jüdische Symbiose der 1920er-Jahre noch lange gegen die Nazis verteidigt hatte. Auf einer Fläche von vielleicht 5000 Quadratmetern westlich der Gedächtniskirche am Kurfürstendamm drängelten sich ein gutes Dutzend Bars: die Königin-, Roxy-, Uhu-, Kakadu-, Rosita- und Patria-Bar, mittendrin das Orient-Restaurant Schark, auf Deutsch »Osten«, in der Uhlandstraße 20/21. Hammad war Geschäftsführer der Carlton-Bar, in einer kleinen Nebenstraße des Kurfürstendamms, der Rankestraße.

Livrierte Portiers scheuchten dort alle außer den sehr elegant und vornehm wirkenden Besuchern davon, wodurch auch die verhassten Spione der Reichsmusikkammer ferngehalten wurden, die sich stets schäbig kleideten. Wenn sie sich doch einmal hineingedrängt hatten auf der Suche nach jüdischen Musikern oder solchen, die »Nigger-« oder »Juden-Jazz« von Irving Berlin oder George Gershwin spielten, dann waren die Künstler auf der Bühne bereits von einer geheimen Glocke gewarnt worden und zeigten falsche Songtitel auf ihren Notenblättern vor. »Schwarzer Panther« statt »Tiger Rag«. Man führte die braunen Zensoren an der Nase herum.

Annas Bräutigam Hammad hatte, als er 1939 mit Helmy in der Gestapo-Haft einsaß, bereits jahrelang jüdische Musiker hin und her geschoben. So konnte zum Beispiel der jüdische Violinist Paul Weinapel, der in den späten 1930er-Jahren auf Druck der Reichsmusikkammer sein Engagement verloren hatte, mit seiner Kapelle von der Sherbini- in die Ciro-Bar umziehen. Als die Reichsmusikkammer abgelenkt war, wurde er in aller Stille wieder im Sherbini angestellt.

Die Ciro-Bar lag direkt neben Hammads Carlton-Bar, und auch sie wurde von einem Ägypter geführt, von Ahmed Mustafa. In den späten 1920er-Jahren war er nach Berlin gekommen, hatte hier zunächst als Varieté-Tänzer reüssiert und ließ dann das Abendpublikum Schlange stehen für Künstler wie den Swing-Pianisten Fritz Schulz-Reichel, Pseudonym: der schräge Otto, der Reißzwecken in den Filz der Anschlagshämmer seines Klaviers drückte, um den typischen Kneipenklavier-Sound der Jahrhundertwende zu erzeugen.

Zwischen hellen Terrakotta-Wänden hingen Kitschgegenstände, von Kleopatra bis zu König Faruq, und »wieder einige Stufen hoch, und wir sind im Silber-Raum, von dem aus man das elegant mondäne Leben an sich vorbeirauschen lassen kann«, staunte ein Besucher. Noch eleganter war nur das besagte Sherbini, betrieben von Mostafa el-Sherbini, einem weiteren Ägypter, einem gut aussehenden Dandy und Jazzschlagzeuger, der die Stieftochter eines Grafen geheiratet hatte. Sie alle gehörten zu Hammads Netzwerk.

Als Gabe an die Braut, als *Mahar*, legte der *Maasun* Dr. Helmy symbolisch 100 Mark fest. Noch einmal nahm er den Füller zur Hand. Sein Text endete mit den Worten: »Diese Ehe ist religiös anerkannt auf das Buch Gottes und die Gebote seines Propheten.«

Er bat alle Anwesenden zu unterschreiben, und Anna nahm den Füller und setzte ihren muslimischen Namen auf das Blatt – *Nadja*.

DIE GESTAPO KOMMT NÄHER

Morgens, wenn die Spree noch ihren kühlen, modrigen Nachtatem ausdünstete, ging Anna manchmal mit Emmy hinunter zum Wasser. Die beiden jungen Frauen mochten sich. Sie führten den Hund aus, ließen sich Zeit – wie zwei gewöhnliche Verwandte oder Freundinnen, bevor ihr Arbeitstag in der Arztpraxis begann. Wenn jemand sie ansprach, dann antwortete die Ältere, Emmy: Das Mädchen sei die Nichte ihres arabischen Verlobten; ein so artiges Kind. Und Anna nickte freundlich und sagte nichts.

Als der Brief vom Standesamt Charlottenburg kam, eine Woche nach Annas nächtlicher Scharia-Hochzeit mit dem Jazzmusiker Hammad, öffnete sie ihn vorsichtig wie etwas Kostbares. Sie las: Man habe den Fall geprüft. Aber diese Eheschließung könne »nicht stattfinden«. Der Plan, dass Anna durch Heirat einen ägyptischen Pass erwerben würde, dass sie also wirklich in die kleine Welt des muslimischen Berlin einheiraten und auf diese Weise einen Fahrschein in die Freiheit bekommen würde, »schlug fehl, da die deutschen Behörden dagegen waren«, wie sich Anna später erinnerte. Wenn ihr bis dahin noch nicht so zumute war, als hätte ihr jemand den Boden unter den Füßen weggezogen, dann tat der letzte Satz des dürren Behördenbriefs wahrscheinlich ein Übriges: »Ich bitte, die eingereichten Urkunden baldigst wieder hier abzuholen.«

Das war eine Falle, der Ausweg war versperrt. Am meisten alarmiert war Anna aber über die Begründung, die das Standesamt für seine Entscheidung angab.

Die Rassenpolitik der Nazis verlangte, dass vor der Heirat eines »Hamiten« mit einer Deutschen eine rassische Überprüfung stattfinde. Helmy und Emmy hatten das schon am eigenen Leib erfahren. Kurz vor Weihnachten 1939 hatten sie ihre Verlobung bekannt gegeben und versucht zu heiraten. Aufgrund der »Rassezugehörigkeit« war es ihnen verwehrt worden, wie Helmy später erzählte. Aber so stand es nie in den offiziellen Erklärungen der Behörden. Das bürokratische Tarnwort war »Ehefähigkeit«.

Und nun wieder – nun erklärte das Standesamt Charlottenburg den Eheleuten Anna und Hammad: »Der Herr Reichsminister der Justiz hat sich nicht in der Lage gesehen, Ihnen die erbetene Befreiung von der Beibringung des Ehefähigkeitszeugnisses zu erteilen.« Das war eine besorgniserregende Nachricht, ein Alarmsignal, denn nirgends in den eingereichten Heiratspapieren hatte man Annas Geheimnis preisgegeben, nirgends war die Rede davon gewesen, sie sei Jüdin. Immer nur war von einem »Fräulein Nadja« die Rede, das ausdrücklich Muslimin sei. Demnach wäre dies eine rein innermuslimische Hochzeit. Selbst für die Rassenwächter der Nazis hätte das akzeptabel sein müssen. Dennoch, die Behörden behandelten diese Scharia-Ehe offenbar als eine gemischte, das heißt nicht rein muslimische Ehe; so als ahnten sie schon etwas.

Erst kam diese Absage vom Standesamt Charlottenburg, Ende Juni 1943. Kurz darauf kam eine zweite, noch heiklere Nachricht: Anna wurde aufgefordert, sie solle sich so bald wie möglich beim rumänischen Konsulat melden, »zur

Ausreise«. Die letzte Aufforderung dieser Art lag schon ein Jahr zurück. Anna hatte angenommen, die Sache sei längst ausgestanden. Damals hatte die Gestapo sich abschütteln lassen, indem Annas Eltern behauptet hatten, Anna sei selbständig nach Rumänien abgereist.

Der neueste Brief nun war an Annas alte Adresse in der Neuen Friedrichstraße gegangen, in die längst »arisierte« Wohnung über dem Obstgroßhandel, in der nur noch der Verwalter ihrer Großmutter, Otto Buja, hin und wieder nach Post fragte. Die Behörden hatten also richtig kombiniert. Dies war wohl der Fehler gewesen: Auf der Scharia-Eheurkunde von »Nadja« hatte Helmy diese alte Anschrift der echten Anna angegeben, leichtsinnigerweise.

Durch den Ehe-Antrag beim Standesamt war auch die Gestapo wieder auf Annas Spur gekommen. Das dürfte Anna und Helmy jetzt aufgegangen sein. Durch seine Unterschrift auf den Scharia-Unterlagen hatte auch Helmy sich vor den Behörden exponiert. Er hatte als *Maasun* für »Nadja« gebürgt. Wo, wenn nicht bei ihm, würden die Gestapo-Schnüffler jetzt suchen, sobald sie loszuschlagen bereit wären? Wie würden sie wohl mit ihm verfahren, der sie so zum Narren gehalten hatte?

Gerade als Anna diese beunruhigenden Briefe erhielt, rollten durch Moabit wieder Lastwagen mit den verängstigten Menschen, die am nahe gelegenen Güterbahnhof verladen wurden. Am 28. Juni 1943 fuhr ein Transport mit 314 Menschen von Moabit nach Auschwitz ab.

Wenn Helmy sich nach dem Krieg an diese Zeit im Sommer 1943 zurückerinnerte, dann beschrieb er ihr Gefühl zunehmender Bedrängnis: »Von der Gestapo ist wiederholt nach mir und auch nach der versteckten Jüdin beim Hauswart Krefelder Straße 7 gefragt worden. Es wurde zweimal bei mir Hausdurchsuchung gemacht und Anfragen gestellt.« Anna erinnerte sich: »Herr Doktor musste mich woanders unterbringen und mit Nahrungsmitteln versorgen.«

In Helmys Wohnung saß man wie auf dem Präsentierteller. Schon neun Bewohner der Krefelder Straße 7 waren in den Jahren 1941, 1942 und 1943 zum letzten Mal das Treppenhaus hinuntergegangen, manche auf eigenen Beinen, manche von der Gestapo hinuntergezerrt. Die beiden Töchter der Conitzers nebenan waren kaum älter als Anna. Die Ältere von ihnen, Ursula, hatte geheiratet und war 1938 mit ihrem Mann nach Palästina geflohen. Die Jüngere, Ruth, war nur bis Gut Winkel bei Fürstenwalde gekommen, in eine Landwirtschaftsschule zur Berufsvorbereitung von Juden vor der Auswanderung nach Palästina. Von dort konnte sie nicht mehr rechtzeitig fliehen. Am 1. März 1943 war sie in Auschwitz ermordet worden; so wie auch ihre Eltern, Helmys direkte Nachbarn, am 12. Januar 1943. Nur die Lessers aus dem Erdgeschoss, der Tabakhändler und seine Frau, würden Theresienstadt am Ende überleben.

Anna war vor misstrauischen Nachbarn und der Gestapo weiter nur durch die dünne Hülle ihrer Tarnung als Muslimin geschützt. Und ihr Versteckspiel wurde umso riskanter, wenn nun Annas Mutter an der Tür klingelte – mit einem Judenstern am Mantel.

DIE LETZTE LÜGE

Anna musste in der Illegalität ohne die gelben, grünen, blauen, roten und rosafarbenen Lebensmittelkarten auskommen. Ihre Mutter und ihr Stiefvater brachten, solange es ihnen noch möglich war, ein paar Lebensmittel für sie vorbei. Sonntagnachmittag, das war die einzige Zeit, zu der die Mitglieder von Annas echter Familie 1943 noch zusammenkommen konnten, in Helmys Wohnung hinter zugezogenen Gardinen. Für die Familie war dies auch der einzige Ort, an dem sie noch Nachrichten von Annas Großmutter empfangen konnte, die nur noch über ihren einstigen Bürovorsteher Otto Buja kommunizierte. Bei Helmy liefen die Fäden zusammen.

Wäre es nicht weniger riskant gewesen, die heiklen Gäste nachts zu empfangen? Helmy ließ sie lieber bei Tageslicht kommen, um in der Nachbarschaft weniger verdächtig zu erscheinen. Ein Arzt empfängt seine ehemaligen Patienten, was ist schon dabei?, so hatte er überlegt.

Aber Anna ärgerte sich. Wann immer ihre Mutter und »der Dicke«, ihr Stiefvater, sonntags zum Essen kamen, war »nur die Rede von Juden und den Ausgerückten«, erinnerte sie sich später. Nie auch von der Gefahr, in der die drei Gastgeber schwebten, Helmy, Emmy und »Nadja« mit ihrer kleinen, vorgeblich deutsch-muslimischen Familie. Annas Mutter und Stiefvater waren viel weniger in Gefahr. Der

Stiefvater war nicht jüdisch, und die Mutter war durch ihre Ehe mit ihm bislang vor Deportationen geschützt. Sie lebten offen und legal, und sie gefährdeten sich durch unvorsichtiges Verhalten weniger selbst als vielmehr Anna und Helmy.

Annas Mutter hatte zunächst bei der Firma Rose & Co. Rohprodukten-Großhandlung Zwangsarbeit leisten müssen, in der Monumentenstraße 15 in Schöneberg. Mittlerweile arbeitete sie bei der Firma Herrmann in der Aalesunderstraße 9 am Prenzlauer Berg als Werkstattschreiberin. Auch Annas Stiefvater Georg Wehr war noch auf freiem Fuß, er war nicht zum Kriegsdienst eingezogen worden. Er hatte, obwohl »jüdisch versippt«, das Glück gehabt, dass die Wurstfabrik, für die er jetzt arbeitete, das Heer belieferte und als kriegswichtig galt.

Als die Familie eines Sonntagabends wieder bei Helmy zusammensaß, klopfte es unerwartet an der Tür. Das Gesicht des jungen Mannes war blutverschmiert und blau geschwollen. Es war Annas Halbonkel, Martin Rudnik. Die Gestapo hatte ihn so übel zugerichtet, dass er sein Leben lang auf dem linken Ohr schwerhörig bleiben würde. Er lebte noch immer bei Hildegard Ullbrich in Wilmersdorf, wo er Geld mit Schiebereien auf dem Schwarzmarkt machte. Es ließ sich kaum verhindern, dass ihn ab und zu andere Hausbewohner sahen, spätestens bei Fliegeralarm. Es war nicht das erste Mal, dass ihn jemand, diese Macht auskostend, denunziert hatte. Aber so schlimm wie jetzt war es noch nie gewesen.

Das erste Mal hatte er noch Glück im Unglück gehabt: Damals hatte ihn die Polizei des Reviers am Bayerischen Platz zur Gestapo gebracht, in die Burgstraße, Staatspolizeileitstelle. Aber der Weitertransport von dort zum Sammellager in der Levetzowstraße war von jüdischen Ordnern begleitet worden. Martin hatte einen von ihnen gekannt. Es war dunkel gewesen, an der Siegessäule war er vom Lastwagen gesprungen und zurück nach Wilmersdorf gelaufen.

Dieses Mal war es anders gewesen. Ein früherer Angestellter der Firma Hrabowski, deren Filiale im Haus des einstigen Obstgroßhandels der Familie am Alexanderplatz lag, hatte Martin auf offener Straße erkannt und denunziert. So war er wieder in die Burgstraße gebracht worden, und dieses Mal waren die Misshandlungen entsetzlich. Die Gestapo-Männer hatten versucht, den Namen desjenigen, der ihn beschützte, aus ihm herauszufoltern. Martin hatte standgehalten, er hatte Hildegard Ullbrich nicht verraten. In der Sammelstelle Levetzowstraße war ihm wie durch ein Wunder die Flucht durch ein Fenster gelungen. Danach war ihm klar gewesen, dass er nicht direkt zu seiner Beschützerin zurücklaufen durfte – sonst hätte er sie womöglich ans Messer geliefert.

So war Martin, anstatt zu Hildegard zu laufen, also zu Helmy gekommen, zum Sonntagsessen. Er hatte lieber Helmy das Risiko aufgebürdet. Er stand in der Tür, nach Luft ringend, bevor Helmy ihn rasch hineinzog in die Wohnung. Anna war fassungslos: »Was für eine Gefahr das war für Herrn Doktor, kann sich jeder ausmalen.«

Doch Helmy tobte nicht, er borgte Martin Geld, gab ihm zu essen und zu trinken. Erst danach zog Martin weiter zu anderen Bekannten.

Anna bemerkte, wie ihre eigene Familie immer mehr zum Quell der Gefahr für Helmy wurde. Helmy bemühte sich, neue Vorsichtsmaßnahmen zu ergreifen. Er suchte für

Anna eilig ein neues Versteck, in das sie in größter Not ausweichen konnte: Zumindest für sehr kurze Zeit konnte er sie bei seiner Patientin Frieda Szturmann in Staaken unterbringen, die im Übrigen mit Annas Großmutter Cecilie beschäftigt war, dann bei der Familie von deren Schwester in Lichterfelde, dann bei einer Krankenschwester namens Schmidt in Neukölln. »Nach drei Wochen wagte sich Herr Doktor, mich wieder bei ihm aufzunehmen«, erinnerte sich Anna.

Aber vor allem spann Dr. Helmy, um die vielen kleinen Lügengeschichten zu überdecken, die er bis hierhin der Gestapo erzählt hatte, um Anna zu retten, eine neue, größere Lüge. Für Notfälle. Er diktierte Anna einen Brief – an sich selbst gerichtet. Er faltete diesen zusammen und steckte ihn ein.

Annas Lunge machte rasselnde Geräusche. Sie hatte Frostschäden an beiden Beinen. Es war entsetzlich kalt zwischen den kahlen Birken in Berlin-Buch, einer Siedlung am Nordrand von Pankow. Die kleinen Hütten waren nur mit Teerpappe umkleidet, aus den Fugen quoll das Moos. Seitdem nachts die Sirenen heulten und die Bomben den Himmel erleuchteten, zogen immer mehr Menschen in solche Hütten hinaus. Je länger der Krieg dauerte und je spürbarer er an seinen Ausgangspunkt zurückkehrte, desto stärker wurde dieser Strom. Auch Juden fanden in den Schrebergarten-Siedlungen Verstecke. Der spätere Quizmaster Hans Rosenthal war so alt wie Anna, ein Teenager, als er in der Laubenkolonie »Dreieinigkeit« in Lichtenberg untertauchte. Der Vater der Schauspielerin Inge Meysel war Anfang fünfzig, als er in einer Laube seiner Sekretärin auf dem Köpenicker Werder verschwand.

Vom Regime kam zwar immer wieder die Drohung, man werde die Baupolizei losschicken, um zu kontrollieren, dass niemand »schwarz« in Gartenkolonien lebte, der *Völkische Beobachter* schrieb kampfentschlossen, es könne »nicht oft genug davor gewarnt werden«. Aber die letzte Kontrolle lag jetzt, Ende 1943, schon drei Jahre zurück. Und die Zahlen, auf die die Behörden gekommen waren, fielen so grotesk unterschiedlich aus, dass offensichtlich war, wie heillos sie den Überblick verloren hatten. Gab es nun 120 000 »Dauerlogierer« in Berliner Gartenlauben, oder 2500 oder 49 000? Dieses Chaos bot einen gewissen Schutz, wie Helmy erkannte.

Auch Helmy und seine Verlobte Emmy kamen hinaus in die Laube in Berlin-Buch, in der sie Anna bereits untergebracht hatten, nachdem am 27. November 1943 eine Fliegerbombe ihr Wohnhaus in Moabit zum Teil zerstört hatte. Helmy war es gelungen, die Existenz dieser Gartenlaube vor der Gestapo geheim zu halten. »Allen Nachforschungen der Gestapo ging er geschickt aus dem Weg«, erinnerte sich Anna. Vielleicht hatte er den Schrebergarten im Hörstenweg 70 auf einen falschen Namen gepachtet. Vielleicht gehörte er nicht ihm, sondern der Familie von Emmy.

In der Laube gab es misstrauische Blicke. Manche Leute ahnten etwas. Anna konnte nicht davon ausgehen, dass sie dauerhaft vor einer Enttarnung sicher sein würde. Sie musste ihre Rolle weiter spielen. »Meine Tochter konnte nicht untätig bleiben«, erinnerte sich Annas Mutter, »sonst wäre die Angelegenheit aufgedeckt worden. Sie war eben zu jung. Herr Doktor nahm sie täglich mit nach Berlin in die Praxis, trotz der schweren Gefahren, die damit verbunden waren.«

Anna legte weiter jeden Morgen ihr Kopftuch an, Helmy nahm sie weiter jeden Morgen mit nach Charlottenburg. Sie hatten abgewogen und waren zu dem Schluss gekommen, dass es riskanter wäre, diese Routine jetzt plötzlich zu durchbrechen. Das wäre aufgefallen und hätte Fragen provoziert. Stattdessen sollte das Spiel weitergehen.

Bei aller Vorsicht lag die größte Gefahr jedoch ganz in ihrer Nähe. Es war kein neugieriger Nachbar, es war kein scharfsinniger Blockwart. Annas Mutter lebte weiterhin offen und legal, eine Deportation drohte ihr weiterhin nicht, aber sie musste jeden Morgen zur Zwangsarbeit antreten. Und die anderen Zwangsarbeiterinnen in ihrer Firma, so erkannte Anna erschrocken, »wussten nach und nach die ganze Geschichte von mir und meinem Versteck«.

Die Geschichte vom jüdischen Mädchen, das sich als muslimisches tarnte, war vielleicht zu reizvoll, um sie ganz für sich zu behalten. Anna hatte das schon befürchtet. Weil ihre Mutter, stets auf der Suche nach Anerkennung, schwer an sich halten konnte. Ihre Mutter habe, »trotzdem wir alle Tage zu ihr redeten, sie soll nichts erzählen, keine Lehre gezogen«, klagte Anna. Sie war entsetzt über deren Leichtsinn, »ihren zügellosen Charakter«, wie sie in ihren Erinnerungen nach dem Krieg fassungslos urteilte.

So erfuhr die Gestapo von dem Verschleierungsspiel, und so griff die Gestapo zu. Annas Mutter wurde am 10. Januar 1945 verhaftet. Die Männer brachten sie ins Sammellager Schulstraße 78, um mehr aus ihr herauszubekommen, in das Gebäude der ehemaligen Pathologie des Jüdischen Krankenhauses, das an die Stelle des Sammellagers in der Großen Hamburger Straße getreten war. Die Gestapo wollte wissen, wo die als Muslimin getarnte Tochter sei. Man hatte von den Folterungen gehört. Niemand wusste, ob er ihnen würde standhalten können. Hier, so gestand Annas Mutter später, »habe ich einen Fehler begangen, indem ich den Aufenthalt meiner Tochter verlauten ließ«.

»Es waren furchtbare Tage und Nächte«, erinnerte sich Anna später. Und so setzte Helmy seinen Notfallplan in Gang. Er suchte die Gestapo auf. Er ging zur Staatspolizeileitstelle in der Burgstraße. Nichts ist so verräterisch wie ein schlechtes Gewissen. Aber vielleicht wirkte ein schneidig-strenges, von allen Zweifeln freies Auftreten überzeugend auf sie. Das hatte Helmy lange genug geprobt. Darin war Helmy inzwischen ein Meister. Er wandte sich just an jene Gestapo-Männer, die nach Anna fahndeten, und er sagte ihnen mit eingeübter Unschuldsmiene: Ich bin das Opfer einer Täuschung. Mehr noch, er erhob die Stimme zu einer empörten Anklage: Eine Jüdin hat sich bei mir eingeschlichen! Anna.

Was Helmy den Gestapo-Männern darbot, war sein letztes Husarenstück. Er zog das vorbereitete Schreiben von Anna aus der Tasche, das er ihr diktiert hatte; eine letzte Flunkerei, die alle vorherigen überdecken sollte, so hatte er sich das vorgestellt.

Sie habe ihn »über ihre Abstammung getäuscht«, schrieb Anna in dem Brief reuevoll, sie sei in Wahrheit eine Jüdin. Sie wolle Herrn Doktor auf diesem Wege mitteilen, dass sie beschlossen habe, ihn zu verlassen und zu ihrer Tante nach Dessau zu gehen.

Helmy erklärte, er habe diesen Brief gefunden, das Mädchen sei spurlos verschwunden. So sei er also nicht ein Mitverschwörer der untergetauchten Jüdin, sondern im Gegenteil auch von dieser genarrt worden.

»Es waren furchtbare Tage und Nächte«, erinnerte sich Anna: Nachts heulten die Sirenen, Bomben erleuchteten den Himmel.

Wie konnte Helmy erwarten, dass die Gestapo-Männer ihm das glauben würden – eine derart durchsichtige Lüge? Dass er ein fremdes Mädchen ohne Papiere bei sich aufgenommen habe und nie auf die Idee gekommen sei, dass sie eine Jüdin sein könnte? Das sollte man ihm abnehmen? Mehr noch: Helmy, der Muslim und Araber, habe sich von einem jüdischen Mädchen überzeugen lassen, sie sei Muslimin, Araberin – und sogar seine Familienangehörige? Und zufällig just an dem Tag, an dem die Gestapo die Wahrheit über Annas heimlichem Unterschlupf bei Helmy erfahren hatte, just an diesem Tag sei sie abgetaucht – und in Richtung Dessau verschwunden?

Meine Herren, Sie müssen das Gör finden!, sagte Helmy, todernst – und hielt die Luft an.

BESUCH IN KAIRO

Vor der hölzernen Pforte sammelt sich offenbar schon seit längerem der Müll, eine kleine sehnige Tigerkatze zupft an einer zugeknoteten Plastiktüte herum, bis Mandarinenschalen herauspurzeln. Windeln, Zweige, Zigarettenstummel. Rundherum sind die Fenster des Erdgeschosses mit Gittern und Maschendraht verschlossen, damit man keinen Müll und keine Steine hineinwerfen kann wie oben im ersten Stock. Dort sind die Fenster zersplittert, die verbliebenen Zacken verrußt.

Wenn man heute in Kairo am Ende einer langen, staubigen Marktgasse vor dieser hölzernen Pforte stehen bleibt und nach oben blickt, hängen dort zwei Tafeln aus weißem Marmor. *Anochi adonaj* – Ich bin der Herr, dein Gott. *Lo tirzach* – Du sollst nicht töten; und noch acht Sätze mehr. Die Zehn Gebote, vor langer Zeit hat sie hier mal jemand kunstvoll auf Hebräisch eingemeißelt, und in jüngerer Zeit hat jemand mit Edding ein paar obszöne Worte auf Arabisch daruntergeschmiert.

Dies ist die einzige Synagoge, die man heute noch finden kann im einstigen jüdischen Viertel von Kairo, die einzige von einst fünfzehn. Eine Gasse, kaum drei Meter breit, kleine Suzuki-Busse zwängen sich hindurch, beladen mit Kartons. Die Marktstraßen in dieser Stadt sind nach Themen sortiert, und in dieser verkaufen sie Mädchenspielzeug, Glitzerndes, Armbänder, Kuscheltiere. Früher umspannte das jüdische Viertel dreihundert solcher Gassen, heute erinnert nur noch der Name dieser einen, Haret al-Yahud, Judengasse, überhaupt an die Geschichte des jüdischen Lebens im Stadtteil el-Gammaliyya, dem »Ort der Schönen«. Die Tigerkatze zupft an einem abgenagten Maiskolben. Man zischt, sie tapert davon. Dass Mohammed Helmy hier gelebt hat, in Ägyptens Hauptstadt mit ihrer großen jüdischen Minderheit, ist gut hundert Jahre her.

Man kann die Geschichte von Helmy und Anna heute nicht mehr aus erster Hand erzählt bekommen. Anna ist 1986 in New York gestorben, Helmy 1982 in Berlin. Man kann sie noch von Menschen wie Professor Nasser Kotby erzählt bekommen, einem Verwandten Helmys, der in Kairo lebt. Die Reise zu ihm lohnt sich sehr, wie auch zu anderen Mitgliedern der großen Familie Helmys. Aber auf einmal ist es dann nicht mehr bloß eine Geschichte über die Vergangenheit; sondern auch eine über die Gegenwart.

Als die Synagoge in der Haret al-Yahud im Jahr 1910 eingeweiht wurde, bekam sie den Namen Maimonides-Synagoge, zu Ehren des vielleicht größten jüdischen Denkers des Mittelalters, Moses Maimonides. »Ibn Maimun!«, korrigiert Professor Nasser Kotby, der Verwandte Helmys, lächelnd. »Er hieß nicht Maimonides. Bitte, tun wir ihm nicht unrecht. Maimonides ist die gräzisierte Version seines Namens. Eigentlich war er Ibn Maimun.«

Mit seinem Nadelstreifenanzug ist der breitschultrige, weißhaarige Mann eine vornehme Erscheinung. Die Sonne brennt, vor der verfallenen Synagoge sucht er Schatten. Er ist ein Großneffe Helmys, 80 Jahre alt, ein emeritierter

Medizinprofessor an der zweitgrößten Universität Ägyptens.

Ibn Maimun, der Universalgelehrte aus dem Mittelalter: Dies sei ein Mann, auf den alle Ägypter stolz sein sollten, findet Professor Kotby. So wie überhaupt auf viele Juden. Auf Leila Mourad, die große Diva des arabischen Chansons, die in Helmys Jugend die populärste Sängerin Ägyptens war, sowie auf viele weitere Künstler, Komponisten, Denker. Vor dem Krieg sei Ägypten ein Land der drei Religionen gewesen. Es gab christliche Minister, jüdische Minister. Die Juden seien Teil der Gesellschaft gewesen.

Moses Maimonides, oder eben Ibn Maimun: Schon im Mittelalter verfasste dieser jüdische Denker ein Plädoyer dafür, dass man die Bibel nicht wörtlich, sondern allegorisch begreifen solle, worauf Philosophen der jüdischen Aufklärung des 19. Jahrhunderts mit Begeisterung zurückkamen. Einer seiner Sätze lautete: »Das Unvermögen unseres Verstandes, Gottes Wesen zu erfassen, gleicht dem Unvermögen des Augenlichts, das Licht der Sonne zu erfassen« – wobei Ibn Maimun allerdings nicht »Gott« schrieb, sondern »Allah«. Er schrieb fast alle seine Texte in seiner Muttersprache Arabisch. Er lebte in Kairo.

Vor hundert Jahren, als Mohammed Helmy zur Schule ging, lebten noch etwa 150 000 ägyptische Juden im Land. Ein Cousin Helmys war mit einer Jüdin verheiratet, die in Kairo ein Haute-Couture-Geschäft betrieb, so erzählt Professor Kotby. 1945 jedoch begannen die blutigen Pogrome gegen Ägyptens jüdische Minderheit, die 1949 in einer Serie von Bombenanschlägen gipfelten. Arabische Nationalisten erklärten ihre jüdischen Nachbarn zu feindlichen Fremden. Aus den Gassen in el-Gammaliyya stieg Rauch auf, nachts

Davidstern und Halbmond – das Synagogentor in Kairo vereint beide Symbole, doch heute verfällt das Gebäude.

hallten Schreie. Bis 1956 waren fast alle ägyptischen Juden aus ihrem Heimatland vertrieben. Heute leben im gesamten Land angeblich noch hundert.

Heute – Professor Kotby blickt traurig: »Wenn man den bösen Gerüchten glaubt, dann ist Ägypten voller Juden.« Das sei heute aber nur noch eine Form der üblen Nachrede. In Ägypten sei es mittlerweile eine verbreitete Methode, jemanden in Verruf zu bringen, beklagt er: dass man ihm

eine jüdische Herkunft oder eine jüdische Ehefrau andichte. »Wir haben seit unserer Kindheit gelernt, dass der Holocaust eine große Lüge ist«, schrieb im Jahr 2004 Muhammad al-Zurqani, der Chefredakteur der ägyptischen Regierungszeitung *Al-Liwaa Al-Islami*, die einen Artikel unter der Überschrift »Die Lüge über das Verbrennen der Juden« veröffentlicht hatte. Der Völkermord an den europäischen Juden? Eine bloße Erfindung von Zionisten. So denken in der Bevölkerung heute viele.

Die Ibn-Maimun-Synagoge ist eine Ruine, aber ein anderes jüdisches Gebetshaus ist noch in Betrieb in Kairo, es heißt Shar Hashamajim, hebräisch für »Tor des Himmels«. Das Gebäude steht an der Adly-Street, einer breiten, viel befahrenen Straße. Von außen ähnelt es einem Bunker: 25 Meter hoch, mit zwei Reihen kleiner Fenster, vergittert, dazwischen stilisierte Palmen mit dicken Kokosnüssen und Davidsternen. Selbst an einem Samstagvormittag, der Zeit für den Schacharit-Gottesdienst zu Schabbat, geht scheinbar kein Mensch hinein. Ägyptische Polizisten mit automatischen Pistolen beschützen das Gebäude. Sie schicken jeden Neugierigen fort, der sich nicht auskennt mit den versteckten Hintereingängen.

Professor Kotby erinnert lieber an eine Vergangenheit, in der sich Juden freier bewegen konnten in diesem Land. »Sie wurden in Europa fast immer verfolgt. Im Nahen Osten, unter einer muslimischen Mehrheit, lebten sie in Frieden.« Waren das tolerantere Zeiten? »Nein«, sagt er. »Nicht Toleranz! Das würde ja heißen: Ich dulde, dass du es anders hältst als ich, aber wenn du von der Erde verschluckt werden würdest, dann wäre es mir auch egal. Ich wäre weder besser dran noch schlechter. ›Toleranz‹ ist kein gutes Wort. Wertschätzung!«

Er hat seinen Großonkel Dr. Helmy oft in Berlin besucht nach dem Krieg. Sie sind dann ins Theater oder in Restaurants gegangen, oder »wir haben meine Großmutter besucht«, erzählt Professor Kobty. »Früher lebte sie in Charlottenburg. Heute lebt sie auf einer Insel.« Gemeint ist Nofretete, die berühmte Statuette, die auf der Berliner Museumsinsel zu sehen ist.

Helmy lebte da noch immer in Deutschland. Warum er blieb nach dem Krieg, das kann auch sein Verwandter in Kairo nicht recht beantworten. Wollte er nie weg aus dem zerbombten, verarmten, tief beschämten Land? Der Professor zuckt mit den Schultern, er erzählt von dem schönen Leben, das Helmy wenigstens nach dem Krieg in Deutschland gehabt habe. Wie er endlich seine Verlobte Emmy heiraten durfte. Wie die Alliierten, auf der Suche nach politisch Unbelasteten, ihn sogar zum Chef im Klinikum Berlin-Buch machten.

Helmy hatte Glück. Als er im Frühjahr 1945 zur Gestapo ging und seine letzte große Lügengeschichte auftischte, hätte ihn dieses Wagnis das Leben kosten können. Er hatte alles auf eine Karte gesetzt, hatte den Gestapo-Männern ins Auge gesehen. Gut möglich, dass sie die Geschichte zweifelhaft fanden. Doch im Gewirr der letzten Kriegswochen prüfte offenbar niemand mehr Helmys abenteuerliche Angaben nach. Helmy konnte ausatmen – und das nahende Ende des Schreckensregimes abwarten.

Am 21. April 1945 erreichte die Rote Armee Berlin-Buch. Anna konnte den Hidschab ablegen und sich erstmals wieder offen in das jüdische Mädchen zurückverwandeln, das sie war, ohne um ihr Leben fürchten zu müssen; ein jüdisches Mädchen, das sein Überleben Muslimen verdankte.

Einige Jahre später, am 2. Juni 1960, hob Anna im Büro der New Yorker Notarin Theodora W. Joven Hoyt ihre rechte Hand, gab eine eidesstattliche Erklärung ab und schickte diese nach Berlin, an die Jüdische Gemeinde in der Joachimstaler Straße sowie an den Senat: Man möge Dr. Helmy auszeichnen, diesen »wundervollen Menschen«, der jeden Dank ablehne.

Im Herbst 2013 wurde in Jerusalem eine Medaille geprägt, auf der stand: »Wer ein Leben rettet, hat eine ganze Welt gerettet.« Ein jüdischer Spruch aus dem Talmud. Er hat fast wortgleich auch Eingang in den Koran gefunden. Die israelische Holocaust-Gedenkstätte Yad Vashem hat bis heute mehr als 25 000 mutige Männer und Frauen, die während des Zweiten Weltkriegs Juden retteten, mit dem Titel des »Gerechten unter den Völkern« geehrt. Die bekannteste dieser Geschichten handelt von dem Frankfurter Mädchen Anne Frank, das in Amsterdam vom Ehepaar Miep und Jan Gies vor den Nazis versteckt wurde. Aber die

Geschichte, die in diesem Buch erzählt worden ist, ist trotzdem einzigartig. Unter den »Gerechten unter den Völkern« gibt es bislang zwar schon etwa hundert Muslime, vor allem vom Balkan und aus Zentralasien, doch nur einen Araber: Helmy.

Die Verwandten in Kairo bekamen von Yad Vashem eine Einladung. Es sollte eine große Sache werden. Aber sie sind nicht hingefahren. Sie wollten den Preis nicht annehmen: weil er aus Israel kommt. Die Sache wurde kurzzeitig zu einem Politikum, als auf der Webseite von Yad Vashem auch noch Kommentare auftauchten, die von einem »zionistischen Komplott« raunten, mit Helmy als angeblich nützlichem Idioten für ein israelisches Propagandastück.

Es gibt dazu eine Vorgeschichte. Der amerikanische Historiker Robert Satloff versuchte jahrelang, die Geschichten von Arabern zu erzählen, die das Leben ihrer jüdischen Nachbarn retteten. Für sein 2006 veröffentlichtes Buch *Among the Righteous* machte er sich auf die Suche vor allem in Nordafrika, wo einst viele Juden lebten. In Marokko führte 1940 das von den Nazis abhängige französische Vichy-Regime judenfeindliche Gesetze ein – doch der dortige Sultan Mohammed V. weigerte sich, sie umzusetzen, und als Zeichen seines Trotzes lud er 1941 sogar alle Rabbiner des Landes zu seinen Thronfeierlichkeiten nach Marrakesch ein.

Der Forscher Satloff jedoch war verblüfft: Bei seinen Recherchen stieß er auf eine Mauer der Ablehnung. Fast so, als rühre er an ein Tabu. Er hatte das Gegenteil erwartet: dass man in den arabischen Staaten erfreut sein würde, Heldentaten der eigenen Bürger bekannt zu machen. »Ich schrieb an Diplomaten und Journalisten, Gelehrte und

Politiker«, resümiert Satloff, »die Antwort war immer dieselbe – Schweigen.«

Der Forscher ging einem spektakulären Fall in Paris nach, dem Fall des Rektors der Großen Moschee, der im Zweiten Weltkrieg Juden versteckt haben soll, Si Kaddour Benghabrit. Es gibt einen in Cannes ausgezeichneten Film des französischen Regisseurs Ismaël Ferroukhi, »Les hommes libres« (2011), der zu der Geschichte bereits die eindrucksvollen Bilder geschaffen hat; nur ist sie wohl mehr Legende als Realität, wie Satloff herausfand.

2007 schlug er Yad Vashem vor, stattdessen den Tunesier Chalid Abd al-Wahab als »Gerechten unter den Völkern« zu ehren. Doch hier stieß er zu seiner Verblüffung an eine zweite Mauer der Ablehnung. Die Leiterin der »Gerechten«-Abteilung, Irena Steinfeldt, blockte ab. Sie argumentierte, dass der Tunesier sein Leben nicht habe riskieren müssen, als er 1942, im Alter von erst 31 Jahren, zwei jüdische Familien auf dem Landsitz seiner wohlhabenden Familie unterbrachte, um sie vor der Verschleppung in die Arbeitslager der NS-Besatzer zu schützen. Das eigene Leben riskiert zu haben ist eine Voraussetzung für den Ehrentitel.

Es kam zu einer Kontroverse. Steinfeldts Vorgänger, Mordecai Paldiel, verwies darauf, dass einige Europäer durchaus schon aufgrund der »Gefahr einer möglichen Bestrafung« ausgezeichnet worden seien, und er sprach von der Chance, ein Signal auszusenden an die arabische Welt. Es half nichts.

Nie gehe es nur um Vergangenheit, sagt der Historiker Satloff, immer auch um die Gegenwart. Für beide Gruppen, Juden wie Araber, sei »die Vergangenheit eine starke Quelle von Motivation, Groll und Legitimität«.

Nilpferde aus dunklem Holz stehen neben Lampions aus China, Porzellan aus Dänemark und Schnitzereien aus Oberammergau, sieht man sich in Professor Kotbys Wohnzimmer um. Weil Freitag ist und der Butler freihat, serviert er den Malventee zur Begrüßung selbst. Er hat viel von der Welt gesehen, spricht viele Sprachen, aber auch er lehnt die Jerusalemer Holocaust-Gedenkstätte ab. »Wer hat Yad Vashem zum Repräsentanten aller Juden gemacht?« Als Helmy seine Rettungstaten in Berlin vollbrachte, in der Zeit vor 1945, habe es noch gar keinen Staat Israel gegeben. Noch heute lebe die Hälfte der Juden außerhalb Israels. Yad Vashem wolle »mit Helmys Heldentum nur Politik machen«, sagt Professor Kotby.

Die Verwandten von Dr. Helmy leben heute dort, wo Kairo grün und ruhig ist, im Stadtteil Heliopolis. Vom Gebäude baumeln Blumenkübel. In der Wohnung: goldene Bilderrahmen, bestickte Kissen, offene Balkontüren. Es ist Nacht geworden, zwei Verwandte sind jetzt noch dazugekommen, ein Neffe und ein Großneffe von Dr. Helmy. Sie lehnen sich in schweren Sesseln zurück, zwischen den Zigaretten schlürfen sie Espresso: der Ex-General Mohammed el-Kelish und der Ex-Offizier Ahmed Nur el-Din Farghal. Sie sagen: »Wenn irgendein anderes Land ihn ehren würde – wir würden uns freuen. Helmy hat allen Menschen geholfen, egal welche Religion sie hatten. Nun will Israel ihn speziell dafür auszeichnen, dass er Juden geholfen hat. Das wird seiner Haltung und seinem Lebenswerk überhaupt nicht gerecht.«

So nah sich Juden und Muslime einst waren, so fern scheinen sie sich heute zu sein. So sehr wird die Vergangenheit von dem mittlerweile Geschehenen überlagert, vor allem vom Nahostkonflikt. Dr. Helmy sei ein stolzer Muslim gewesen, sagt im Wohnzimmer zwischen den bestickten Kissen eine ältere Dame in schwarzem Hidschab, Mervat el-Kashab. Sie ist die Witwe eines weiteren Großneffen Helmys. Wenn auf ihrem Smartphone ein Anruf ankommt, ertönt als Klingelton ein Gebetsruf. »Es ist völlig egal, ob jemand jüdisch, muslimisch oder christlich ist«, betont sie. Humanität sei der tief im Islam wurzelnde Antrieb Helmys gewesen. »Wir sind alle Menschen.« Und sie fügt hinzu: Es sei schade, dass der Staat Israel das heute als einziger im Nahen Osten anders sehe, indem er zwischen Juden und Muslimen so scharf trenne.

Die Familie ist freundlich und großzügig zum Besucher aus Deutschland, fast umarmend; nur einmal unterbricht sie das Gespräch abrupt. Der Gast hat gefragt, ob denn irgendetwas dran sei an dem, was er in alten Briefen gelesen hat: dass Helmy nicht nur von Muslimen abstammte, sondern auch eine deutsche Mutter gehabt habe?

Helmys Großneffe Ahmed Nur el-Din Farghal reagiert unwirsch. Es gehe bei diesem »Gerücht« doch nur darum, Helmy eine halbjüdische Herkunft anzudichten, sagt der Ex-Offizier zornig. Das seien übelmeinende Denunziationen. Er mustert den Besucher aus Deutschland, als habe er ihm vielleicht zu früh vertraut. Bis jetzt hat man sich gut auf Englisch unterhalten, nun will er es genauer wissen: Was sei das eigentlich für ein Akzent, den man da spreche? Ein amerikanischer etwa?

Die Wahrheit ist, Helmy selbst hat das »Gerücht« einst in die Welt gesetzt. Im Herbst 1939, als er im Kellergefängnis der Gestapo nach einem Ausweg suchte. »Meine Mutter ist Deutsche«, schrieb er damals, flehend, an das Auswärtige

Amt und an Hitler, in einer Situation, in der er sich gewiss an jeden Strohhalm klammern musste. »Ich, Mohd Helmy, Dr. med., Facharzt für innere Krankheiten, bin am 25.7.1901 in Khartum (Ägypten) von einer deutschen Mutter geboren«, so behauptete er damals. Und gleich noch mal: »Ich bin Deutsch-Ägypter, englischer Gegner und werde nie in meiner Liebe zu meinem Mutterland nachlassen.« Helmy hoffte sicher darauf, dass die Geschichte einer teils deutschen Herkunft die Nazis milde stimmen würde. Er vertraute wohl auch darauf, dass sie seine Lüge nicht leicht würden enttarnen können. Als Ausländer musste er kein Ahnenbuch führen. Nach dem Krieg, als Helmy nicht mehr in einer solchen Zwangslage steckte, hat er nie wieder behauptet, von einer deutschen Mutter abzustammen. Stattdessen schrieb er sogar ausdrücklich: »Meine Eltern waren Ägypter.« Seine Mutter sei »Ägypterin und Muslimin«. Sie hieß Amina Reda Hassan el-Komi. Die Familie in Kairo zeigt alte Fotos, darauf trägt sie traditionelle Tracht.

Dennoch, Helmys Großneffe Ahmed Nur el-Din Farghal will absolute Klarheit herstellen. Im Wohnzimmer in Heliopolis setzt er noch einmal nach. Kein Zweifel soll bleiben. Er sagt: Gerade weil Helmy Muslim und Araber gewesen sei, habe er früh verstanden, worauf das hinauslaufen würde mit dem »jüdischen Krieg«. So nennt er den Zweiten Weltkrieg.

Man habe doch gewusst, wohin das führen würde. Juden würden nach Palästina kommen. Es würde Probleme verursachen. Deshalb hätten Muslime handeln und Hitler stoppen müssen. So wie es Helmy getan habe.

New York. Die Sonne ist gleißend hell, zwischen den gläsernen Hochhausfassaden von Midtown Manhattan fallen die Schatten messerscharf. Fußgängerinnen staksen nach Hause, gezogen von kleinen Hunden. Mit dem Aufzug geht es 17 Stockwerke in die Höhe, im Türrahmen zur Wohnung hängt schräg eine kleine hölzerne Mesusa. Eine große jüdische Familie ist zusammengekommen, die Gutmans. Es ist eng, es gibt zu essen, es wird gelacht, es werden Fotoalben hervorgeholt sowie das schwarz-weiße Porträt einer stillen, stämmigen Frau mit dunklen Haaren.

»Unsere Großmutter«, innig geliebt. Sie hieß Anna. Die Tochter ähnelt ihr sehr. Sie überlebte die Nazizeit und den Krieg mitten in Hitlers Hauptstadt nur dank der Hilfe eines mutigen ägyptischen Muslims. »Ohne ihn«, so sagt Annas Tochter, die 1956 geborene Carla Gutman Greenspan, beim Familientreffen zwischen Brüdern, Kindern und Enkelkindern, »wäre dieser ganze Raum mit 25 Menschen heute leer.«

Helmy war sicher glücklich zu wissen, was für ein gutes Leben sich Anna nach dem Krieg in den USA aufbauen konnte. »Es gibt alles in den Läden, und so viele Fensterscheiben, wie es hier in einer Straße gibt, hat ganz Berlin nicht«, schrieb Anna nach ihrer Ankunft in New York im Jahr 1946 in einem Brief.

»Die Einfahrt nach NY ist unvergesslich, so schön. Eine Stunde von NY steht die Freiheitsstatue im Meer. Sie ist sehenswert. Alle Menschen, die bisher an ihr vorbeigekommen sind, haben geweint. Man hat wirklich das Gefühl, man fährt in ein freies Land.«

Aus ihrer neuen Heimat berichtete Anna nach dem Krieg: »Ich arbeite bei einer Cousine von Blumensteins. Sie heisst Silvia Berman. Ihre Mutter ist, von Blumensteins

Mutter, die Schwester. Also von Mutterseite eine Cousine. ... Die Cousine selbst ist ein fabelhafter Mensch, sie hat studiert und ihr Mann ist Arzt. Ein Arzt für innere Krankheiten. Sie hat 2 Kinder, von 2 Jahren und 11 Jahren, sehr nette Kinder. Ich bin glücklich und sehr zufrieden.« Anna war nicht die Einzige in ihrer Familie, die einen Neuanfang in den USA machte. Auch ihre Mutter und ihr Stiefvater waren hinterhergekommen, Julie und Georg Wehr. Aber, so schrieb Anna in einem Brief in die alte Heimat: »Ich bin die einzige, die so schnell sich eingelebt hat.«

Gleich nach dem Ende des Krieges hatte sie in Berlin den polnischen Juden Chaim Gutman kennengelernt. Die beiden hatten sich verliebt. Anna war 22 Jahre alt. »Ich weiß nichts von meinen Eltern. Wie du weißt, sind sie am Sonntag nach Detroit gefahren und ich habe noch keine Post von ihnen«, so klagte sie im Jahr 1947 ihrem Liebling Chaim, der anfangs noch in Berlin zurückgeblieben war. »Man kann nur ein Leben hier machen zu zweit«, appellierte sie an ihn, schnell nachzukommen in die USA. »Ich soll mich hier wie zu Hause fühlen und man behandelt mich auch sehr gut. Ich kann wirklich nicht anders sagen.« Ihr Arbeitgeber, der Arzt mit den zwei Kindern, sei großzügig, freundlich und aufrichtig. »Diese Familie hat eine grosse Ähnlichkeit mit Herrn Dr. Helmy.«

Bald funkeln Sterne über Midtown Manhattan, aber es ist noch hell im Wohnzimmer, zwischen bestickten Kissen und goldenen Bilderrahmen. Für einen Moment weckt es Erinnerungen an das Wohnzimmer in Kairo. Noch eine Ähnlichkeit fällt irgendwann auf: So wie die Kairoer Familie keinen Juden persönlich kennt, so kennt die New Yorker Familie heute keinen Muslim persönlich. Der Sohn von

Ferne Erinnerung: Der Obstgroßhandel von Annas Familie am Alexanderplatz vor der »Arisierung«

Anna, Charles Gutman, teilt bei Facebook allerlei Videos, auch eines mit dem Titel »Wenn Sie nicht islamophob sind, sollten Sie es dringend werden« über den angeblich gewaltverherrlichenden Charakter dieses Glaubens.

Annas Tochter Carla erzählt, wie sie und Charles in New York aufgewachsen seien in den 1960er-Jahren. »Wir lebten in einer Nachbarschaft mit ebenso vielen italienisch-katholischen wie jüdischen Freunden. Mit einer Tante, die halb weiß, halb schwarz war. Wir haben nicht unterschieden zwischen Katholiken, Juden, Muslimen, Schwarzen, Weißen. Das waren für uns alles Menschen.« Es sei schade, dass die arabischen Länder das heute anders sähen, indem sie Juden nicht in ihrer Mitte akzeptierten.

Annas Tochter hat einen Brief geschrieben. Ob man den Brief bitte in Kairo übergeben könne, an die Nachfahren von Helmy? Darin schreibt sie: »Ich möchte wirklich nur, dass Sie wissen, dass am anderen Ende der Welt eine Familie existiert, die Dankbarkeit und Liebe für Dr. Helmy empfindet. Wir staunen noch immer über seine Taten, und wir hoffen, dass sein Heldentum andere inspirieren wird.«

PERSONEN

ANNA BOROS (*22. November 1925 in Arad, West-Rumänien, an der Grenze zu Ungarn), kam im Alter von zwei Jahren mit ihrer Mutter Julie nach Berlin. 1931 eingeschult, 1938 zwangsweise auf eine jüdische Schule versetzt, nahm sie 1942 bei Dr. Helmy Zuflucht. Nach 1945 heiratete sie in Berlin den polnischen orthodoxen Juden Chaim Gutman, der in einem Displaced Persons Camp eine Lehre zum Radiotechniker machte. Gemeinsam wanderten sie in die USA aus. Aus Chaim wurde Hans und schließlich Henry; aus Anna wurde, nachdem sie zunächst als Kindermädchen bei einem amerikanischen Arzt gearbeitet hatte, selbst eine dreifache Mutter. Bis zu ihrem Tod 1986 lebte Anna in New York, ihre Kinder schickte sie auf jüdische Schulen. Ihren Retter Dr. Helmy besuchte Anna noch zweimal in Berlin. Einmal nahm sie aus New York ihre Tochter Carla mit und stellte die beiden stolz einander vor.

DR. HELMUT DENNIG (*13. Juli 1895), NSDAP-Mitglied, wurde 1934 Chefarzt der I. Inneren Abteilung im Krankenhaus Moabit und damit Vorgesetzter von Dr. Helmy. Nachdem er Helmy als »Orientalen« geschmäht und ihn 1937 aus dem Krankenhaus gedrängt hatte, betätigte sich Dennig von 1939 bis Kriegsende als beratender Internist bei der Wehrmacht. Nach Kriegsende wurde er leitender Arzt der Inneren Abteilung des Karl-Olga-Krankenhauses in Stuttgart. Im Nürnberger Ärzteprozess sagte er zugunsten eines einstigen Moabiter Assistenzarztes aus – Hermann Becker-Freyseng, angeklagt wegen Menschenversuchen im Konzentrationslager Dachau. 1947 wurde er Landesarzt des Deutschen Roten Kreuzes, 1956 Mitglied der Arzneimittelkommission der deutschen Ärzteschaft.

EMMY ANNA AUGUSTE ERNST (*19. März 1916 in Berlin) arbeitete als Arzthelferin, als sie in Berlin Dr. Helmy kennenlernte. Schon 1939 verlobten sie sich. Emmy half bei der medizinischen Arbeit und auch bei den heimlichen Rettungsaktionen Helmys. Eine Hochzeit war aber nicht möglich – die beiden erhielten aus »rassischen« Gründen keine Genehmigung der Behörden. Heiraten konnten sie erst nach Kriegsende, im Juni 1945. Danach reisten sie noch mehrmals gemeinsam nach Ägypten zu Helmys Familie, und auch nach Helmys Tod im Jahr 1982 hielt Emmy weiter engen Kontakt dorthin, bis sie 1998 in Berlin starb. Obwohl sie nur brüchig Arabisch sprach, scherzte Emmy gegenüber Helmys jungen Neffen in Ägypten manchmal: Sie, die 1945 durch Heirat den ägyptischen Pass erhalten hatte, sei immerhin schon länger Ägypterin als die Neffen.

DR. KAMAL EL-DIN GALAL (*1903) kam 1922 gemeinsam mit Helmy nach Berlin, studierte Zeitungswissenschaften an der Technischen Hochschule in Charlottenburg, promovierte 1939 über die »Entstehung und Entwicklung der Tagespresse in Ägypten« und arbeitete als Korrespondent für die ägyptischen Zeitungen *Al-Balagh* und *Al-Ahram*. Zugleich engagierte er sich als scharfer Nationalist und Antikolonialist im »Ägyptischen Studentenverein« und als Generalsekretär des Islamischen Zentralinstituts seit 1942. Seine Nähe zum NS-Regime und besonders zum Großmufti von Jerusalem ermöglichte es Galal, eine wichtige Rolle bei Helmys heimlichen Rettungsaktionen zu spielen. Noch lange nach dem Krieg lebte er in West-Deutschland und amtierte dort als Ägyptens Presseattaché.

ABDEL AZIZ HELMY HAMMAD (*6. Mai 1906 in Fakous, Ägypten) kam 1924 nach Berlin, um zu studieren, tauchte dann jedoch mehr in die künstlerische als in die akademische Welt ein. Seine Familie in Ägypten stand politisch im Rampenlicht, der Vater war Bürgermeister der Stadt Fakous. Er hatte dem jungen Hammad eine Braut mit auf den Weg gegeben, Fatma. Die Beziehung zerbrach jedoch, die Braut ging nach Ägypten zurück, mitsamt dem gemeinsamen Kleinkind. Hammad blieb der Jazz, seine eigentliche Leidenschaft. Als Geschäftsführer der Carlton Bar in der Nähe des Kurfürstendamms reüssierte er. Helmy und er lernten sich womöglich in einem der arabischen Studentenclubs Berlins kennen, auf jeden Fall aber, als die Gestapo sie 1939 für mehrere Monate gemeinsam internierte. In Helmys Netzwerk muslimischer Freunde, die heimlich bei seinen Rettungsaktionen halfen, spielte Hammad eine wichtige Rolle. Was nach dem Krieg aus ihm wurde, ist nicht bekannt.

DR. MOHAMMED »MOHD« HELMY (*25. Juli 1901 in Khartum, damals Britisch-Ägypten, als Mohammed Helmy Abu el-Ainin Said Ahmed) war das vierte von fünf Kindern des ägyptischen Armeemajors Abu el-Ainin Said Ahmed und dessen Frau Amina Reda Hassan el-Komi. Während der NS-Zeit sollte Helmy kurzzeitig behaupten, seine Mutter sei Deutsche; ausweislich alter Familienchroniken und Helmys eigenen arabischen Schriftverkehrs mit Kairoer Behörden 1959 war dies aber nur eine Flunkerei, mit der er die ihn bedrängenden Nazis zu verwirren versuchte. Seine Mutter sei »Ägypterin und Muslimin«, stellte er 1959 klar. 1922 begann er an der Friedrich-Wilhelm-Universität in Berlin Medizin zu studieren, 1930 wurde er Assistenzarzt am Krankenhaus Moabit, 1933 Oberarzt. Helmy bemühte sich auf Anraten seiner deutschen Lebensgefährtin, seinen Spitznamen Mohd zu verwenden, den er nach dem Krieg weiter zu Mod verkürzte; aus praktischen Gründen, weil viele Deutsche der Name Mohammed irritierte. 1937 drängten ihn die Nazis aus der Klinik heraus. Er praktizierte zunächst privat weiter in seiner Wohnung in der Krefelder Straße 7, dann in einer Praxis in Charlottenburg. Hier setzt er den Plan ins Werk, der dem jüdischen Mädchen Anna das Leben rettete. Nach der Befreiung 1945 heiratete er seine langjährige Freundin Emmy und praktizierte noch jahrzehntelang als Arzt weiter in Berlin. Mit Anna schrieb er sich bis zu seinem Lebensende Briefe. 1982 starb er in Berlin.

GROSSMUFTI MOHAMMED AMIN AL-HUSSEINI (*1897 in Jerusalem) diente als Hitlers wichtigster Propagandist in die muslimische Welt hinein. Mufti bedeutet »Gutachtender«, gemeint ist ein muslimischer Rechtsgelehrter, an den religiöse Fragen herangetragen werden können; ein Ehrentitel. Ein staatsoffizieller Mufti wird Großmufti genannt. Noch heute besetzen Saudi-Arabien und Ägypten ein solches Amt. Amin al-Husseini war der staatsoffizielle Mufti in Palästina zur Zeit der britischen Mandatsherrschaft. Das war eine mächtige Position, denn Husseini hatte nicht die Konkurrenz einer muslimischen Regierung neben sich. Er repräsentierte die muslimische Bevölkerung quasi allein. Während des Zweiten Weltkriegs unterstützte er die Nazis, 1941 floh er vor den Briten nach Berlin. Sein vom NS-Regime bezahlter Stab von etwa 60 arabischen Propagandisten und Rekruteuren für die Nazis firmierte als »Amt Mufti« und unterstand dem Reichssicherheitshauptamt. Dass der Mufti Hitler zum Holocaust überredet habe, wie Israels Premierminister Benjamin Netanjahu einmal behauptete, ist allerdings eine Legende. Das Vernichtungsprogramm hatte begonnen, ehe der Mufti nach Berlin kam. Bis zu seinem Tod 1974 in Beirut wirkte Husseini noch als Galionsfigur für militante Palästinensergruppen unter der Führung Jassir Arafats.

RIAD AHMED MOHAMMED (*15. September 1899 in Kairo) repräsentierte den gemäßigten, auf internationale Verständigung statt Befreiungskampf abzielenden, vergleichsweise Großbritannien-freundlichen Kurs. Er leitete zeitweise verschiedene Vereine und Gruppen, so etwa die Islamische Gemeinde, die Deutsch-Moslemische Gesellschaft. 1939 wiederbelebte er mit Unterstützung einiger deutscher Islam-Konvertiten das Islam-Institut in Berlin als intellektuelle Instanz. Als die Nazis ihn nach Ausbruch des Krieges im Herbst 1939 mit anderen Ägyptern in Haft nahmen, übernahm der stramm Großbritannien-feindliche arabische Natonalist Kamal el-Din Galal jedoch die Führung des Islam-Instituts. Was nach dem Krieg aus ihm wurde, ist unbekannt.

DR. HUGO »HAMID« MARCUS (*6. Juli 1880 in Posen, heute Polen), Sohn einer jüdischen Industriellenfamilie, war ein Intellektueller im Berlin der Weimarer Zeit. Anfang der 1920er-Jahre konvertierte Hugo Marcus zum Islam und nannte sich Hamid. Von 1923 bis 1938 war er Syndikus der Berliner Moschee. Er leitete die Zeitschrift *Moslemische Revue*, übersetzte den Koran ins Deutsche, war von 1930 bis 1935 sogar Präsident der Deutschen Muslimischen Gesellschaft – und blieb gleichzeitig immer auch Mitglied der Jüdischen Gemeinde. Hugo Marcus war schon um die Jahrhundertwende eine der schrägsten Figuren des Berliner Literaturbetriebs gewesen, der Verfasser esoterischer und pazifistischer Bestsellerbücher und Doktor der Philosophie. 1938 entkam er mithilfe der muslimischen Gemeinde ins Schweizer Exil, wo er überlebte. Nach dem Krieg schrieb er noch lange weiter unter dem Pseudonym Hans Alienus für *Der Kreis*, eine international beachtete Homosexuellenzeitschrift.

ANNAS GROSSMUTTER CECILIE RUDNIK, geb. Klein (*27. Oktober 1875 in Hódmeszövásárhely, Ungarn) kam schon als 17-Jährige nach Berlin. Hier sollte sie ihrem Bruder helfen, der einen bereits gut gehenden Obst-und-Gemüse-Handel betrieb. Sie lernte schnell und pendelte als erfolgreiche Händlerin zwischen Ungarn und Berlin. Als ihr erster Ehemann Moritz Schwarz, mit dem sie eine Tochter – Julie – hatte, 1912 überraschend starb, war sie schon erfolgreich selbständig. 1914 heiratete sie den Kaufmann Moise Rudnik, mit dem sie einen Sohn bekam, Martin. Nach der Befreiung 1945 fand Cecilie nie wieder richtig mit ihrer Tochter Julie und ihrer Enkelin Anna zusammen – die Jahre des Versteckens waren auch Jahre des Streits gewesen. Stattdessen ging Cecilie mit ihrem Sohn Martin nach Israel. Nach wenigen Jahren kehrte sie jedoch enttäuscht von den großen wirtschaftlichen Schwierigkeiten nach Berlin zurück, wo sie 1953 starb.

ANNAS ONKEL MARTIN RUDNIK (*7. März 1918 in Berlin), der Sohn aus Cecilies zweiter Ehe und Halbbruder Julies, hatte eine Lehre als Zahnarzthelfer begonnen, bevor die Nazis ihn zum Aufhören zwangen. Von 1940 an war er Zwangsarbeiter in einer Blechwaren-Verwertungsfabrik in Weißensee. 1942 flüchtete er vor der Deportation in Verstecke bei verschiedenen Berliner Freundinnen. Die Schneiderin Hildegard Ullbrich aus Wilmersdorf kannte er seit 1941 über eine gemeinsame Freundin, die Jüdin Ursula Redlich. Mit einer weiteren Helferin, Vera Köhler, verlobte er sich. Nach dem Krieg heiratete er in Berlin jedoch die Wiener Nachtclubtänzerin Luana, deren Vater ein afrikanischer Zirkusartist war. Gemeinsam gingen sie zunächst nach Israel, wo Luana in Haifa als Tänzerin arbeitete. Aber Martin fand keine Arbeit, er konnte seine mittlerweile 70-jährige Mutter Cecilie, die mitgekommen war, kaum unterhalten. Niedergeschlagen kehrten sie nach Berlin zurück. Erst nach Cecilies Tod 1953 begann Martin mit Luana ein erfolgreiches neues Leben in New York.

ANNAS STIEF-GROSSVATER MOISE »MAX« RUDNIK (*22. Oktober 1877 in Iasi, Rumänien) gründete in Berlin 1929 die Obstgroßhandlung M. Rudnik GmbH, Neue Friedrichstraße 77. Er erkrankte jedoch 1930 an Magenkrebs und wurde pflegebedürftig. Annas Mutter Julie pflegte ihn, während sie zugleich mit Annas Großmutter Cecilie die Obstgroßhandlung am Laufen hielt. 1939 starb er im Jüdischen Krankenhaus und wurde in Weißensee begraben.

FRIEDA SZTURMANN (*12. Juni 1897) lebte als Mutter und »Heimarbeiterin« in Staaken nahe Spandau. Als langjährige Patientin von Dr. Helmy war sie diesem vertraut, und als Helmy im März 1942 kurzfristig jemanden suchte, der unauffällig eine Jüdin verstecken würde, fiel sein Gedanke auf sie. Frieda Szturmann riskierte jahrelang ihr Leben dafür, zunächst Cecilie Rudnik, später auch kurzzeitig Anna Boros zu verstecken. Wie Helmy wurde Frieda Szturmann 2013 von der Holocaust-Gedenkstätte Yad Vashem posthum als »Gerechte unter den Völkern« geehrt. Die Urkunde nahm ihr Enkel Dieter aus der Hand des israelischen Botschafters in Berlin entgegen. Nach dem Krieg war sie noch jahrelang weiter Dr. Helmys Patientin. Bis zu ihrem Tod 1966 lebte sie mit ihrem Mann, einem Rentner, und ihrem Sohn in Staaken.

ANNAS MUTTER JULIANNA »JULIE« WEHR, geb. Schwarz (*14. September 1902 in Oroshaza, Ungarn), aufgewachsen in Ungarn, ließ sich 1927 von ihrem ersten Ehemann scheiden, dem jüdischen Fabrikbesitzer Ladislaus Boros aus Arad. Mit ihrer kleinen Tochter Anna kam sie nach Berlin und spielte dort eine wichtige Rolle im Obstgroßhandel, den ihre Mutter betrieb. 1929 heiratete sie den Berliner Georg Wehr, der in der Logik der NS-Gesetze kein Jude war, obwohl er zu ihrem Glauben übergetreten war. 1942 wurde Julie zur Zwangsarbeit eingezogen, ihre Ehe mit dem Nichtjuden Georg Wehr schützte sie aber vor Schlimmerem. 1946 wandte sie Deutschland für immer den Rücken zu und folgte ihrer Tochter Anna in die USA. In Detroit arbeitete sie als Köchin, erhielt 50 Dollar pro Woche, gab die Arbeit aber bald wieder auf, weil sie ihr zu schwer war. Der amerikanische Traum, gemeinsam mit ihrer Tochter ein ungarisches Restaurant zu eröffnen, den sie dieser einmal anvertraute, blieb unverwirklicht.

ANNAS STIEFVATER GEORG WEHR (*22. August 1904 in Thorn, Westpreußen) arbeitete als Feinkost-Verkäufer in Berlin und konvertierte erst 1929 zum Judentum, als er die Obsthändlerstochter Julie Wehr heiratete. Im Oktober 1943 erging die Anordnung, auch »deutschblütige« Ehemänner als »jüdisch Versippte« in Arbeitslager der Organisation Todt einzuweisen, und dies traf auch Wehr. Am 9. November 1944 kam er in das Zwangsarbeiterlager 3 in Jena. »Jeder fürchtete, mit Erschießen zu enden«, erinnerte er sich später daran. In den fünf Monaten dort verlor er fast 60 Pfund. Nach der Befreiung schlug er sich zu Fuß zurück nach Berlin durch. 1946 ging er, wiedervereinigt mit Julie, in die USA.

ZEITTAFEL

DIE ISLAM-POLITIK DER NAZIS

Das Deutsche Reich warb nicht erst seit 1933 um die Gunst von Muslimen. In einer Zeit, in der die muslimische Welt fast komplett unter britischer, französischer oder sowjetischer Herrschaft lebte, gab es schon länger die Strategie der »Revolutionierung der moslemischen Völker« auf dem Gebiet der Gegner Deutschlands. »Kaiser Wilhelm II. ist zum Islam übergetreten«, hieß es bereits 1915 in einem deutschen Propagandaflugblatt, das Araber für die Unterstützung der Deutschen im Krieg gewinnen sollte. Und weiter: »Er nennt sich nun Hadschi Wilhelm Mohammed und hat bereits heimlich eine Pilgerreise nach Mekka unternommen. Immer mehr Deutsche folgen seinem Beispiel und werden Mohammedaner.« Die Nazis aber trieben diese Propaganda-Bemühungen auf die Spitze, wie der Historiker David Motadel aufzeigt, der das wohl beste Buch zu diesem Thema geschrieben hat. Auf dem Balkan, in Zentralasien und in Nordafrika, im Grunde an allen kriegsrelevanten Rändern Europas, trafen sie auf muslimische Bevölkerungen. Sie erhofften sich ein Bündnis gegen gemeinsame Feinde – vor allem Briten und Juden.

1. Juli 1936: Eine Runde von Vertretern wichtiger Ministerien und des rassenpolitischen Amts der NSDAP beschließt im Auswärtigen Amt, dass türkische, persische und arabische Muslime nicht im Sinne der Nürnberger Rassengesetze als »artfremd« gelten. Im mittelalterlichen Spanien hatten sich Gesetze zur »Reinheit des Blutes« noch gegen Juden und Muslime gleichermaßen gerichtet.

1939: NS-Propagandaminister Joseph Goebbels gibt detaillierte Anweisungen an die deutsche Presse, nicht mehr verächtlich über »Muselmanen« zu berichten.

November 1939: Die einzige Moschee Deutschlands, die seit 1925 in Berlin-Wilmersdorf steht, verliert ihre Führung. Infolge des Kriegsbeginns ist ihr Imam Muhammad Abdullah – mit Doktortitel in Chemie von der Friedrich-Wilhelm-Universität – in seine indische Heimat zurückgekehrt.

11. Februar 1941: Deutsche Truppen landen an den Stränden von Tripolis in Libyen, von wo aus sie beginnen, sich in Richtung Kairo durchzukämpfen. Auf diese Weise kommt Hitler Italien zu Hilfe. Seit Ende 1940 sind Mussolinis Truppen bei ihrem Kampf gegen Großbritannien in Nordafrika in die Defensive geraten.

April 1941: Auf ihrem Balkanfeldzug rekrutieren die NS-Truppen muslimische Albaner. In der folgenden Zeit werden auch unter sowjetischen Kriegsgefangenen, die von den Deutschen erbärmlich behandelt werden, Muslime angeworben.

Mai 1941: Im Irak hat sich der Nationalistenführer Rashid Ali al-Gailani an die Macht geputscht. Deutsche Kampfflugzeuge unterstützen seinen Kampf gegen die vormalige Kolonialmacht Großbritannien. Das deutsche »Sonderkommando Junck« scheitert jedoch schnell. Bevor Gailani nach Berlin ins Exil flieht, zettelt er noch ein Pogrom gegen Bagdads Juden an, den *Farhud*.

6. November 1941: Der Großmufti von Jerusalem, Amin al-Husseini, flieht vor den Briten nach Berlin. Als Ehrengast der SS betreibt er von nun an Propaganda, mit regelmäßigen Ansprachen im Auslandssender Radio Berlin. Die Sendungen werden auf Arabisch, Persisch und Türkisch ausgestrahlt.

18. November 1941: Der ehemalige deutsche Gesandte in Kairo und nun Botschafter in Madrid, Eberhard von Stohrer, empfiehlt in einem Memorandum, »ein umfassendes deutsches Islam-Programm« zu entwerfen, und regt die Bildung eines »Komitees von Islam-Kennern unter Leitung des Auswärtigen Amtes« an.

13. Januar 1942: Die Wehrmacht stellt die »Turkestanische Legion« und die »Kaukasisch-Mohammedanische Legion« auf, bestehend fast ausschließlich aus Muslimen. Aserbaidschaner, Krim- und Wolgatataren, Nordkaukasier, Baschkiren, Usbeken und andere bekommen bald die Möglichkeit, in weiteren »Ostlegionen« zu dienen.

20. Juli 1942: Der Stab von Hitlers Afrika-General Erwin Rommels gibt Instruktionen an eine Einsatzgruppe, die unter dem Kommando von SS-Obergruppenführer Walther Rauff steht. Ihr wird gestattet, nach einer etwaigen Eroberung Palästinas alle dort ansässigen Juden zu töten.

23. August 1942: Beginn der monatelangen Schlacht um Stalingrad, die mit ihren enormen Verlusten für die NS-Armee zur Wende im Kriegsverlauf führt.

September 1942: Deutsche Truppen überqueren die Grenze zu Ägypten. »Tötet die Juden, bevor sie euch töten«, tönt gleichzeitig Radio Berlin in seinem arabischen Programm für die nordafrikanische Bevölkerung, sowie: »Einmal mehr danken wir Gott dafür, dass Ägypten von diesen giftigen Reptilien gereinigt werden wird.«

11. Oktober 1942: Zum Fastenbrechen hält der Großmufti vor 500 Gästen eine kämpferische Ansprache in der Wilmersdorfer Moschee.

November 1942: Nachdem die deutschen Truppen schon Monate zuvor im ägyptischen al-Alamein zum Stehen gekommen sind, 150 Kilometer vor Kairo, werden sie von den britischen Truppen zurückgeschlagen.

18. Dezember 1942: Das Islamische Zentral-Institut wird mit einer Festrede des Großmuftis in Berlin eröffnet.

10. Februar 1943: SS-Chef Himmler erlaubt die Aufstellung einer Waffen-SS-Einheit aus Muslimen vom Balkan. Es entsteht die bosniakische »13. Waffen-Gebirgs-Division-SS Handschar«, benannt nach der arabischen Bezeichnung für einen Krummsäbel.

1.–11. April 1943: Bei einer Reise über den Balkan bemüht sich der Großmufti, Muslime für die Waffen-SS zu mobilisieren.

13. Mai 1943: Der letzte Rest deutscher Truppen in Nordafrika kapituliert in Tunis vor den Briten.

1. März 1944: Der Großmufti hält in Berlin eine Radio-Ansprache: »Tötet Juden, wo immer ihr ihnen begegnet, aus Liebe zu Gott, der Geschichte und der Religion.« Turkmenische Waffen-SS-Soldaten beginnen, die Wilmersdorfer Moschee zu besuchen.

21. April 1944: Die Wehrmacht eröffnet in Guben eine eigene Imam-Schule, um Feld-Imame für die Agitation muslimischer Rekruten auszubilden.

Juni 1944: Die Universität Göttingen startet ein Programm von »Mullah-Lehrgängen«, mit denen angehende Feld-Imame weltanschaulich unterwiesen werden sollen.

16 November 1944: In Dresden wird auf Geheiß von SS-Chef Himmler eine SS-Mullah-Schule gegründet.

April 1945: Deutsche Truppen nutzen in der Endphase des Kampfs um Berlin die Minarette der Wilmersdorfer Moschee als Artillerie-Feuerleitstand. Dadurch gerät die Moschee unter direkten Beschuss. Im Garten werden später zwölf tote deutsche Soldaten gefunden, die dort zunächst in einem Massengrab beerdigt wurden.

ANMERKUNGEN

NAHOST-BERLIN

9 *»Manche Damen halten sich«:* Rumpelstilzchen (d. i. Adolf Stein), »Ein Gespräch mit Professor Abdullah am Fehrbelliner Platz«, Glosse Nr. 14 vom 13. Dezember 1928, in: Rumpelstilzchen, *Ja, hätt'ste …*, Berlin 1929.

9 *»friedevolle Messiasaugen«:* Ebenda.

9 *»Sie strahlte Energie und Gesundheit aus«:* So ergibt es sich aus Unterlagen im Familienarchiv Gutman, New York, sowie aus den Interviews mit Carla Gutman Greenspan und Charles Gutman vom September 2016.

9 *Gut angepasst:* Ebenda.

11 *»Hier ist der leibhaftige Orient«:* Vgl. Alfred Kerr, Brief vom 3. Mai 1896, abgedruckt in: *Wo liegt Berlin? Briefe aus der Reichshauptstadt*, Berlin 1999, S. 151 f., zit. n. Aischa Ahmed, »›Die Sichtbarkeit ist eine Falle‹. Arabische Präsenzen, Völkerschauen und die Frage der gesellschaftlich Anderen in Deutschland (1896/1927)«, in: José Brunner/Shai Lavi (Hrsg.), *Juden und Muslime in Deutschland. Recht, Religion, Identität.* Tel Aviver Jahrbuch für deutsche Geschichte, Göttingen 2009, S. 81–102, hier S. 94 f.

11 *»Muselmänner in goldgestickter« und folgende Zitate:* Rumpelstilzchen (d. i. Adolf Stein), »Tripolitaner im Zoo«, Glosse Nr. 40 vom 9. Juni 1927, in: Rumpelstilzchen, *Berliner Funken*, Berlin 1927.

12 *»Ick bitt Ihnen«:* Vgl. Pracht-Album Photographischer Aufnahmen der Berliner Gewerbe-Ausstellung 1896 und der Sehenswürdigkeiten Berlins und des Treptower Parks, Alt-Berlin, Kolonial-Ausstellung, Kairo etc., Text von Paul

Lindenberg unter Mitwirkung von Hans Lichtenfelt, Berlin 1896, S. 48, zit. n. Ahmed, »›Die Sichtbarkeit ist eine Falle‹«, a. a. O., S. 91.

12 *»orientalischen Bildes«:* N. N., In der Berliner Gewerbe-Ausstellung, in: *Allgemeine Zeitung des Judenthums*, 5. Juni 1896.

HAUSBESUCH

15 *Nachmittag im Jahr 1936:* Vgl. Bericht von Anna für die Entnazifizierungsbehörden, 10. Juli 1945, Familienarchiv Gutman. Der Bericht gibt an, dass die schulpflichtige Anna zum Zeitpunkt des Treffens bereits zu Hause war, der arbeitende Georg Wehr aber noch nicht.

15 *Kilo zu vier Mark, Kilo zu zwanzig Pfennig:* Vgl. Entschädigungsakte Moise Rudnik, Landesamt für Bürger- und Ordnungsangelegenheiten Berlin, Entschädigungsbehörde (LABO Berlin), Reg. Nr. 314 236, Bl. E 9 und E 12.

15 *Ungarische Köchin:* Vgl. ebenda, Bl. E 34.

16 *Anna traute ihren Ohren kaum, wie ihre Mutter den unbekannten Ägypter hofierte:* Interview mit Charles Gutman vom September 2016.

16 *»um Herrn Doktor im Privaten zu gewinnen«:* Bericht von Anna, 10. Juli 1945, Familienarchiv Gutman.

16 *»nicht der Mensch«:* Brief von Anna an Henry Gutman, 16. Juni 1948, Familienarchiv Gutman.

16 *»machten sich ran«:* Bericht von Anna, 10. Juli 1945, Familienarchiv Gutman.

16 *Pannyka:* Der Kosename findet sich beispielsweise im Brief Cecilie Rudniks an Anna vom 25. Oktober 1948, Familienarchiv Gutman.

16 *»Ich wusste mit unseren Verhältnissen«:* Bericht von Anna, 10. Juli 1945, Familienarchiv Gutman.

17 *Mobiliar, »Trumeau«:* Vgl. Entschädigungsakte Cecilie Rudnik, LABO Berlin, Reg. Nr. 25 535, Bl. D 16.

17 *benannt nach Moise »Max« Rudnik:* Vgl. Entschädigungsakte Martin Rudnik, LABO Berlin, Reg. Nr. 23 973, Bl. E 3.

17 *Eine Tonne Weintrauben:* Vgl. Entschädigungsakte Moise Rudnik, LABO Berlin, Reg. Nr. 314 236, Bl. E 8.

17 *Auberginen aus Italien usw.:* Vgl. Entschädigungsakte Martin Rudnik, LABO Berlin, Reg. Nr. 23 973, Bl. B 53–54.

18 25 *Mark Strafe:* Vgl. Entschädigungsakte Julie Wehr, LABO Berlin, Reg. Nr. 72 475, Bl. C 3.

18 *Walnüsse vom Schwarzen Meer:* Vgl. Entschädigungsakte Martin Rudnik, LABO Berlin, Reg. Nr. 23 973, Bl. B 53–54.

19 *»Willy in der Nacht« usw.:* Julie Wehrs Klaviernoten-Hefte, Familienarchiv Gutman.

19 *Jüdische Ärzte hatten Zulassung verloren:* Nach der Reichsärzteordnung vom 13. Dezember 1935 (RGBl I, S. 1433) wurde die Approbation »nichtarischer« Ärzte zudem nur noch in Ausnahmefällen und nach vorheriger Genehmigung durch den Reichsinnenminister erteilt.

20 *»Schweinehund«:* Brief von Cecilie Rudnik an Anna, 25. Oktober 1948, Familienarchiv Gutman.

20 *Cecilie beauftragt einen Privatdetektiv:* Interview mit Carla Gutman Greenspan vom September 2016.

21 *»Schmeichelkätzchen«:* Vgl. Julie Wehrs Klaviernoten-Hefte, Familienarchiv Gutman, und Interview mit Carla Gutman Greenspan vom September 2016.

DER DUFT VON TEE

23 *Ein paar erbärmliche, bald auch nasse Figuren:* Interview mit Carla Gutman Greenspan vom September 2016.

23 *»Erlauben Sie, dass ich« und folgendes Zitat:* Christian Pross/Rolf Winau (Hrsg.), *Nicht mißhandeln. Das Krankenhaus Moabit. 1920–1933. Ein Zentrum jüdischer Ärzte in Berlin. 1933–1945 Verfolgung, Widerstand, Zerstörung*, Berlin 1984, S. 180–184.

24 *»militärisch-bürokratische Ordnung«:* Zit. n. ebenda, S. 180.

24 *Prügelorgie im Keller:* Vgl. ebenda, S. 184.

24 *»überflutet«:* Dr. Karl Stern, zit. n. ebenda, S. 111 f.

25 *Im Oktober 1922 angekommen:* Laut polizeilichem

Führungszeugnis vom 9. April 1937 war Helmy seit dem 5. Oktober 1922 in Berlin gemeldet: Archiv der Humboldt-Universität zu Berlin, Med. Fak. I (1810–1945), 1049, Bl. 41.

25 *»Nach Art der Blätterteigtörtchen«:* Yvan Goll, Sodom Berlin, Frankfurt 1988 (deutsche Übersetzung der Originalausgabe, ursprünglich erschienen 1929 in Paris), S. 77–79.

25 *»Man kann gut und gerne«:* Salim Abd al-Magid am 4. Februar 1920 in der Kairoer Zeitung *al-Afkar*; zit. n. Gerhard Höpp, »Zwischen Universität und Straße. Ägyptische Studenten in Deutschland 1849–1945«, in: Konrad Schliephake/Ghazi Shanneik (Hrsg.), *Die Beziehungen zwischen der Bundesrepublik Deutschland und der Arabischen Republik Ägypten*, Würzburg 2002, S. 31–41, hier S. 32.

26 *»Probier ruhig, habibi!«:* Interview mit Prof. Nasser Kotby vom Mai 2016 sowie Fotos mit Weißwein- und Biergläsern im Nachlass Helmy.

26 *Tennis, Wandern oder Segeln:* Vgl. Gerdien Jonker, »Das vergessene Experiment. Deutsch-muslimische Wahlverwandtschaften in der Zwischenkriegszeit«, in: Claudia Schmidt-Hahn (Hrsg.), *Islam verstehen – Herausforderung für Europa*, Innsbruck 2015, S. 35–41, hier S. 36.

27 *Untermiete bei den Oettingers:* Vgl. ebenda, S. 36 f.

27 *Abraham Geigers Koranstudien:* Vgl. Susanna Heschel, »German Jewish Scholarship on Islam as a Tool for De-Orientalizing Judaism«, in: *New German Critique* 117 (2012), S. 91–107.

27 *»Unterschlupf und Abteigequartier für Kurfürstendammjuden«*: Brief der NSDAP-Reichsleitung, Amt Rosenberg, an den Polizeipräsidenten Berlin, 13. April 1937, vgl. Marc David Baer, »Muslim Encounters with Nazism and the Holocaust: The Ahmadi of Berlin and Jewish Convert to Islam Hugo Marcus«, in: *The American Historical Review* 120 (2015), Heft 1, S. 140–171, hier S. 160.

27 *»Bei diesen Zusammenkünften«:* Ebenda.

28 *Gottlieb Wilhelm Leitner:* Vgl. ebenda, S. 150.

28 *»Traum aus Marmor«:* Vgl. Chalid-Albert Seiler-Chan, »Der Islam in Berlin und anderwärts im deutschen Reiche«, in:

Moslemische Revue, Oktober 1934, S. 112–119, hier S. 115. Porträtfoto in derselben Ausgabe.

28 *Chalid-Albert Seiler-Chan und die Sternwart Treptow:* Vgl. ebenda, S. 114. Zu Seiler-Chans Biografie: Gerdien Jonker, *The Ahmadiyya Quest for Religious Progress*, Leiden 2016, S. 146.

28 *30 Pfennig:* Rumpelstilzchen (d. i. Adolf Stein), »Die Moschee aus der Vogelschau – Dr. Abdullah vom Fehrbelliner Platz«, Glosse Nr. 38 vom 31. Mai 1934, in: Rumpelstilzchen, *Sie wer'n lachen!*, Berlin 1934.

28 *Einladungen an Diplomaten, Literaten, Gelehrte:* Marc David Baer, »Muslim Encounters with Nazism and the Holocaust: The Ahmadi of Berlin and Jewish Convert to Islam Hugo Marcus«, in: *The American Historical Review* 120 (2015), Heft 1, S. 140–171, hier S. 157.

28 *Ein Mann mit Kaschmirschal, vier Tataren:* Vgl. den Bericht aus der Zeitung *Der Tag*, in Auszügen wiedergegeben in: *Moslemische Revue*, Oktober 1934, S. 92.

30 *Ein 22-jähriger Nationalsozialist schoss achtmal:* Vgl. *Vossische Zeitung*, 19. Februar 1931; *Deutsche Allgemeine Zeitung/Berliner Rundschau*, 19. Februar 1931.

30 *»Wir sitzen am Teetisch der Moslems«:* Bericht aus der Zeitung *Der Tag*, in Auszügen wiedergegeben in: *Moslemische Revue*, Oktober 1934, S. 92.

30 *Abschluss von der Friedrich-Wilhelm-Universität:* Zum 26. November 1931 erhielt Helmy auch seine Approbation als Arzt, wobei diesem Termin die Vollendung eines praktischen Jahres vorausging, sodass der Zeitpunkt lange vorher absehbar war. Vgl. Medizinische Berufsakte Dr. Helmy, Landesarchiv Berlin, B Rep. 012, Nr. 1376.

30 *»das Parvenü der Großstädte«:* Walther Rathenau, *Die schönste Stadt der Welt*, Neuausgabe Hamburg 2015, S. 20.

30 *So widersetzte sich Helmy den Rufen seiner Familie:* Vgl. Interview mit Prof. Nasser Kotby vom Mai 2016.

31 *»großer Dienstbereitschaft«:* Zeugnis für Dr. M. Helmy von Prof. Georg Klemperer, 28. März 1933, Medizinische Berufsakte Helmy, Landesarchiv Berlin, B Rep. 012, Nr. 1376.

31 *Er sagte, die jüdischen Ärzte kämen anderswo nicht unter:* Vgl. Interview mit Peter Fleischmann, Haifa 31. Januar 1984, zit. n. Pross/Winau, *Nicht mißhandeln*, a. a. O., S. 119.

31 *»Wissen Sie, der Unterschied«:* Ebenda.

31 *»Pathologie des Urogenitalsystems«:* Zeugnis für Dr. M. Helmy von Prof. Werner Sieber, 1. August 1937, Medizinische Berufsakte Helmy, Landesarchiv Berlin, B Rep. 012, Nr. 1376, Bl. 11.

31 *»hat sich in deutsche Sprache und Sitten«:* Zeugnis für Dr. M. Helmy von Prof. Georg Klemperer, 28. März 1933, Medizinische Berufsakte Helmy, Landesarchiv Berlin, B Rep. 012, Nr. 1376.

31 *Mohammed el-Hadari:* Vgl. Nachlass Prof. Dr. Gerhard Höpp, Zentrum Moderner Orient, Berlin, 07.02.066.

32 *Lied für einen Faschingsball im Ärztekasino:* Vgl. Christian Pross/Rolf Winau (Hrsg.), *Nicht mißhandeln*. a. a. O., S. 117 f.

32 *»Sie kriechen dem Führer«:* Pross/Winau, *Nicht mißhandeln*, a. a. O., S. 180.

32 *Assistenzarzt der I. Inneren Abteilung:* Entschädigungsakte Helmy, Landesamt für Bürger- und Ordnungsangelegenheiten Berlin, Entschädigungsbehörde (LABO Berlin), Reg. Nr. 14 500, Bl. C 10, M 11.

33 *Dr. Leffkowitz im Kellergefängnis:* Vgl. Robert-Koch-Institut (Hrsg.), *Verfolgte Ärzte im Nationalsozialismus. Dokumentation zur Ausstellung über das SA-Gefängnis General-Pape-Straße*, Berlin 1999, S. 53.

33 *Er wollte sein Entlassungszeugnis abholen:* Vgl. Pross/Winau, *Nicht mißhandeln*, a. a. O., S. 143.

33 *»Leffkowitz war Jude«:* Ebenda, S. 181.

33 *Man könne dort nichts werden, wenn man nicht jüdisch sei:* Vgl. ebenda.

33 *Alle Beziehungen zu den vormaligen jüdischen Kollegen abbrechen:* Vgl. ebenda, S. 187; eidesstattliche Versicherung von Dr. Helmy zur Einreichung beim Entschädigungsamt, 9. Februar 1953; notarielle Abschrift in: LABO Berlin, Reg. Nr. 14 500, Bl. C 10–16.

34 *Kwaja Abdul Hamid mit seiner Luba:* Vgl. Gerdien Jonker,

»Das vergessene Experiment. Deutsch-muslimische Wahlverwandtschaften in der Zwischenkriegszeit«, in: Claudia Schmidt-Hahn, *Islam verstehen – Herausforderung für Europa*, Innsbruck 2015, S. 35–41, hier S. 36 f.

34 *Leopold Weiß und Elsa Schiemann-Specht:* Vgl. Gerdien Jonker, *The Ahmadiyya Quest for Religious Progress*, Leiden 2016, S. 142–144.

34 *Unter dem Titel Meditationen entwarf er:* Vgl. Marc David Baer, »Muslim Encounters with Nazism and the Holocaust: The Ahmadi of Berlin and Jewish Convert to Islam Hugo Marcus«, in: *The American Historical Review* 120 (2015), Heft 1, S. 140–171, hier S. 155.

34 *Zum Islam übergetreten, aber Mitglied der jüdischen Gemeinde geblieben:* Vgl. ebenda, S. 147.

34 *Denn er sah keinen Widerspruch:* Vgl. ebenda, S. 156.

35 *Autor der Zeitschriften Sexus und Der Kreis:* Vgl. Manfred Backhausen (Hrsg.), *Die Lahore-Ahmadiyya-Bewegung in Europa*, Wembley 2008, S.114.

35 *Malerin Julie Wolfthorn:* Vgl. Baer, Muslim Encounters, a. a. O., S. 156.

35 *»Da lachen wirklich die Hühner«:* Rumpelstilzchen (d. i. Adolf Stein), »Deutsche Mohammedanerinnen«, Glosse Nr. 14 vom 13. Dezember 1928, in: Rumpelstilzchen, *Ja hätt'ste…*, Berlin 1929.

36 *Baruch Spinoza »mit dem Islam schon durch seine Abstammung verbunden«:* Hugo Marcus, »Spinoza und der Islam«, in: *Moslemische Revue*, Januar 1929, S. 8–24, hier S. 9.

36 *Dr. Leffkowitz verließ 1933 Deutschland:* Vgl. Robert-Koch-Institut (Hrsg.), *Verfolgte Ärzte im Nationalsozialismus*, a. a. O., S. 53.

36 *»Stellen frei geworden«:* Helmy selbst stellt es nach dem Krieg im Rahmen seines Entschädigungsverfahrens so dar, als wäre es eine Habilitandenstelle gewesen, womit seine Karriere, die 1937 ein jähes Ende nahm, noch glänzender erscheint. Tatsächlich wurde er aber erst 1937 promoviert; Archiv der Humboldt-Universität zu Berlin, Med. Fak. I (1810–1945), 1049, Bl. 37–41, hier Bl. 42.

37 *»Gesundheitsminister« im Generalgouvernement Polen:* Vgl. Pross/Winau, *Nicht mißhandeln*, a. a. O., S. 198.

37 *Alle stehen, nur einer sitzt:* Foto im Familienarchiv el-Kelish.

37 *»Der Chef erschien bei Visiten«:* Dr. Karl Stern, zit. n. Pross/Winau, *Nicht mißhandeln*, a. a. O., S. 112.

»ARTVERWANDTES BLUT«

39 *»Ärzte in Uniform mit dem weißen Kittel darüber«:* Dr. Karl Stern, zit. n. Pross/Winau, *Nicht mißhandeln*, a. a. O., S. 203 und 206.

39 *»eigenwillige Behandlungsmethoden«:* Eidesstattliche Versicherung von Dr. Helmy zur Einreichung beim Entschädigungsamt, 9. Februar 1953; notarielle Abschrift in: LABO Berlin, Reg. Nr. 14 500, Bl. C 10–16

39 *»Personalbereinigung«:* Schreiben des Pharm.-Rat F. Reuter Apothekendirektor, Hauptgesundheitsamt, 10. November 1936, Politisches Archiv des Auswärtigen Amts, R 27 262.

39 *»Als völkischer Mann«:* Adolf Hitler, *Mein Kampf*, München 1930, S. 747; zit. n. Klaus-Michael Mallmann/Martin Cüppers, *Halbmond und Hakenkreuz. Das Dritte Reich, die Araber und Palästina*, Darmstadt 2006, S. 44.

40 *»schwarz, von niedriger Rasse«:* Gerhard Höpp, »Zwischen Universität und Straße. Ägyptische Studenten in Deutschland 1849–1945«, in: Konrad Schliephake/Ghazi Shanneik (Hrsg.), *Die Beziehungen zwischen der Bundesrepublik Deutschland und der Arabischen Republik Ägypten*, Würzburg 2002, S. 31–41, hier S. 39 f.

40 *Wo es in Schwimmbädern anfangs geheißen hatte:* ebenda.

41 *La bourse égyptienne übersetzte die Nachricht:* Vgl. David Motadel, *Islam and Nazi Germany's War*, Cambridge, Massachussetts/London 2014, S. 57.

41 *Besprechung im Auswärtigen Amt am 1. Juli 1936:* Vgl. ebenda.

41 *Beförderung zum Oberarzt:* Vgl. Schreiben des Pharm.-Rat F. Reuter Apothekendirektor, Hauptgesundheitsamt, 10. November 1936, Politisches Archiv des Auswärtigen

Amts, R27262, sowie Zeugnis für Dr. M. Helmy von Prof. Sieber, 1. August 1937, Medizinische Berufsakte Helmy, Landesarchiv Berlin, B Rep. 012, Nr. 1376, Bl.11.

44 *»auch im Interesse des Deutschtums im Auslande«:* Medizinische Berufsakte Helmy, Landesarchiv Berlin, B Rep. 012, Nr. 1376, Bl. 10.

44 *Goebbels hatte die Presse ermahnt:* Vgl. David Motadel, *Islam and Nazi Germany's War*, Cambridge, Massachussetts/London 2014, S. 58.

45 *Emmy neckte Helmy, er sei noch deutscher als die Deutschen:* Interview mit Mervat el-Kashab vom Mai 2016.

45 *Sie riet ihm, seinen Spitznamen aus der Kindheit zu verwenden, Mohd:* Interview mit Mohammed el-Kashab und Mervat el-Kashab vom Mai 2016.

46 *»Obwohl Ausländer, bewies Herr Dr. Helmy«:* Zeugnis für Dr. M. Helmy von Prof. Schilling, 30. September 1934, Politisches Archiv des Auswärtigen Amts, R 8045.

NARRENFREIHEIT

47 *Auf einmal starben reihenweise Patienten:* Vgl. Pross/Winau, *Nicht mißhandeln*, a. a. O., S. 206.

47 *»an der Grenze des Schwachsinns«:* Ebenda, S. 221.

47 *»Nachdem die Mauern«:* Die SA als Garant der Zukunft, in: *Der SA-Mann*, 3. Jg., 17. Februar 1934, S. 1 f., zit. n. Pross/Winau, *Nicht mißhandeln*, a. a. O., S. 194 f.

47 *»Strauß war ein völlig unfähiger Operateur«:* Pross/Winau, *Nicht mißhandeln*, a. a. O., S. 206 f.

48 *Er nähte einem Patienten versehentlich:* Vgl. ebenda, S. 207.

48 *»Na, aus Ihnen wird auch noch«:* Ebenda.

48 *er scheute »nicht davor zurück«:* Schreiben von Prof. Helmut Dennig an die Ärztekammer Berlin, 13. Dezember 1937, Politisches Archiv des Auswärtigen Amts, R27262. Zur Person Dennigs vgl. auch Klaus Dörner/Angelika Ebbinghaus/Karsten Linne (Hrsg.), *Der Nürnberger Ärzteprozeß 1946/47*, München 2000, S. 88.

48 *Albert Einstein, Martin Buber usw.:* Vgl. Peter Schütt, »Preußens Gloria und die Grüne Fahne des Propheten«, in: *Mut. Forum für Kultur, Politik und Geschichte* 362 (1997), S. 40–51, hier S. 50.

49 *»Wenn ich rechne«:* Carl Seelig (Hrsg.), *Helle Zeit – dunkle Zeit. In memoriam Albert Einstein*, Zürich 1956, S. 55.

49 *»Mit jugendfrischer Wissbegierde«:* Zaki Aly, »Die arabische Kultur im 10. Jahrhundert«, in: *Moslemische Revue*, Januar 1934, S. 18.

49 *Tausendster Geburtstag von Abu'l-Kasim:* Vgl. Gerhard Höpp, »Die Sache ist von immenser Wichtigkeit …«. Arabische Studenten in Berlin. Manuskript im Nachlass Prof. Dr. Gerhard Höpp, Zentrum Moderner Orient, Berlin, 07.08.005, S. 20.

49 *Ein ganzes Dutzend muslimischer Zeitschriften:* Vgl. Marc David Baer, »Muslim Encounters with Nazism and the Holocaust: The Ahmadi of Berlin and Jewish Convert to Islam Hugo Marcus«, in: *The American Historical Review* 120 (2015), Heft 1, S. 140–171, hier S. 148.

50 *»Ohne Zweifel hat die Berliner Bevölkerung«:* Carl Krug, »Die Sonder-Ausstellung Kairo«, in: Fritz Kühnemann, B. Fehlisch, L. M. Goldberger (Hrsg.), Berlin und seine Arbeit. Amtlicher Bericht der Berliner Gewerbe-Ausstellung 1896, Berlin 1896, S. 867–873, hier S. 871; zit. n. Aischa Ahmed, »›Die Sichtbarkeit ist eine Falle‹«. Arabische Präsenzen, Völkerschauen und die Frage der gesellschaftlich Anderen in Deutschland (1896/1927)«, in: José Brunner/Shai Lavi (Hrsg.), »Juden und Muslime in Deutschland. Recht, Religion, Identität«, in: *Tel Aviver Jahrbuch für deutsche Geschichte*, Göttingen 2009, S. 81–102, hier S. 96.

50 *»ein Gast, der die deutsche Sprache nur mangelhaft beherrschte«:* Schreiben von Prof. Helmut Dennig an die Ärztekammer Berlin, 13. Dezember1937, Politisches Archiv des Auswärtigen Amts, R27262.

50 *Seine Aussprache war praktisch akzentfrei:* So hat es eine ehemalige Sprechstundengehilfin Helmys, die nach dem

Krieg für ihn gearbeitet hat, dem Berliner Arzt Dr. Karsten Mülder geschildert.

52 *Abitur an der Saideya-Oberschule:* Interview mit Prof. Nasser Kotby vom Mai 2016.

52 *»Bierkirchen und Würstelpaläste«:* Walther Rathenau, *Die schönste Stadt der Welt*, Neuausgabe Hamburg 2015, S. 26.

52 *Imam auf dem Tennisplatz:* Rumpelstilzchen (d. i. Adolf Stein), »Dr. Abdullah vom Fehrbelliner Platz«, Glosse Nr. 38 vom 31. Mai 1934, in: Rumpelstilzchen, *Sie wer'n lachen!*, Berlin 1934.

52 *Sie bemühten sich, Patienten in andere Krankenhäuser zu schicken:* Vgl. Christian Pross/Rolf Winau (Hrsg.), *Nicht mißhandeln*, a. a. O., S. 207.

52 *»Sie trieb sich bis spät abends«:* Ebenda, S. 215 f.

53 *1934 und 1935 starben etwa 400 Patientinnen:* Ebenda, S. 210.

53 *»Nach anfänglicher reibungsloser Zusammenarbeit«:* Schreiben von Prof. Werner Sieber an die Krankenhaus-Direktion, 12. Dezember 1937, Politisches Archiv des Auswärtigen Amts, R27262.

53 *»ausgesprochen orientalisches Wesen«:* Schreiben von Prof. Helmut Dennig an die Ärztekammer Berlin, 13. Dezember 1937, Politisches Archiv des Auswärtigen Amts, R27262.

54 *»dass Dr. Helmy, ein Hamit«:* Eidesstattliche Versicherung von Dr. Helmy zur Einreichung beim Entschädigungsamt, 9. Februar 1953; notarielle Abschrift in: Landesamt für Bürger- und Ordnungsangelegenheiten Berlin, Entschädigungsbehörde (LABO Berlin), Reg. Nr. 14 500, Bl. C 10–16.

55 *200 britische Pfund ins Ausland:* Bericht von Julie Wehr, 26. September 1945, Yad Vashem Archives, M. 31/12582.

55 *800 amerikanische Dollar, ein kleiner Brillant:* Brief von Cecilie Rudnik an Anna, 25. Oktober1948, Familienarchiv Gutman.

55 *Helmys Gegendrohung:* Vermerk des Orient-Gesandten des Auswärtigen Amts Werner Otto von Hentig, 7. Dezember 1939, Politisches Archiv des Auswärtigen Amts, R27262.

55 *Krankenhausleitung wollte Helmy loswerden:* Schreiben von Prof. Helmut Dennig an die Ärztekammer Berlin,

13. Dezember 1937, Politisches Archiv des Auswärtigen Amts, R27262.

55 *»aus außenpolitischen Rücksichtnahmen«:* Schreiben von Prof. Werner Sieber an die Krankenhaus-Direktion, 12. Dezember 1937, Politisches Archiv des Auswärtigen Amts, R27262.

55 *»dass Dr. Helmy, ein Hamit«:* Vgl. eidesstattliche Versicherung von Dr. Helmy zur Einreichung beim Entschädigungsamt, 9. Februar 1953; notarielle Abschrift in: LABO Berlin, Reg. Nr. 14 500, Bl. C 10–16.

56 *»Paralytiker« Hitler, »Großmaul« Göring:* Ebenda.

56 *»beim Betreten des Aborts«:* Ebenda.

»SOFORT INTERNIEREN«

57 *Familie Conitzer, Ehepaar Klag, Gertrud Bobert:* Dass die Lebensgeschichten der (teils nur zeitweiligen) Hausbewohner dem Vergessen entrissen wurden, ist dem Ehepaar Sabine Mülder und Dr. Karsten Mülder zu verdanken, dessen unveröffentlichte Recherchen zur Verlegung von Stolpersteinen vor der Krefelder Straße 7 geführt haben. Die Ergebnisse wurden unter anderem bei der Enthüllung einer Gedenkplakette für Helmy am 4. Juli 2014 präsentiert und konnten vom Verfasser eingesehen werden.

58 *»praktisch insgeheim«:* Vgl. eidesstattliche Versicherung von Dr. Helmy zur Einreichung beim Entschädigungsamt, 9. Februar 1953; notarielle Abschrift in: LABO Berlin, Reg. Nr. 14 500, Bl. C 10–16.

58 *Der Plan, Kinderkrankenschwester zu werden:* Entschädigungsakte Anna Boros, LABO Berlin, Reg. Nr. 52 472, Bl. E 5.

58 *»Es würde ein zu langer Lebenslauf werden«:* Selbstverfasster Lebenslauf von Anna, 1. November 1945, Yad Vashem Archives, M. 31/12582.

58 *Wechsel auf jüdische Schule:* Anna schildert nach dem Krieg, die jüdische Schule in der Auguststraße 11–13, für die sie

eingeschrieben war, sei 1939 oder 1940 ganz geschlossen worden. Tatsächlich wurde der Schulbetrieb dort aber erst am 30. Januar 1942 eingestellt, vgl. Jörg H. Fehrs, *Von der Heidereutergasse zum Roseneck. Jüdische Schulen in Berlin 1712–1942*, Berlin 1993, S. 118. Zu dieser Schule vgl. auch Regine Scheer, *Ahawah. Das vergessene Haus*, Berlin 1993, S. 9 und Anhang.

59 *Anna durfte als Jüdin keine »Arier« mehr behandeln:* Vgl. Paragraf 2, Absatz 2 der Achten Verordnung zum Reichsbürgergesetz vom 17. Januar 1939 (RGBl. I, S. 47): Juden, die zu den Hilfskräften in der Gesundheitspflege (Paragraf 1, Absatz 1 des Gesetzes zur Ordnung der Krankenpflege vom 28. September 1938, RGBl. I S 1309) zählten, durften ihre Berufstätigkeit nur »an Juden oder in jüdischen Anstalten« ausüben.

59 *Dass Helmy den Familien Conitzer, Oppenheimer und Benatzky half:* Selbstverfasster Lebenslauf Anna, 1. November 1945, Yad Vashem Archives, M. 31/12582. Helmy selbst erwähnte in seinen nach dem Krieg verfassten Lebensläufen und Erinnerungen keinen dieser drei Namen. Bei dem Ehepaar Conitzer dürfte es sich um Aron Arthur und Gertrud Conitzer handeln, die – wie Helmy – in der Krefelder Straße 7 wohnten. Beide wurden am 12. Januar 1943 nach Auschwitz deportiert und dort ermordert. Vgl. Zentralinstitut für sozialwissenschaftliche Forschung der Freien Universität Berlin (Hrsg.), *Gedenkbuch Berlins der jüdischen Opfer des Nationalsozialismus*, Berlin 1995. Die Namen Benatzky und Oppenheimer lassen sich nicht zuordnen.

59 *Auch mit illegalen Aktionen, wie Anna andeutete:* Selbstverfasster Lebenslauf von Anna, 1. November 1945, Yad Vashem Archives, M. 31/12582.

60 *Helmy verlangte, Heß zu sprechen:* Vgl. eidesstattliche Versicherung von Dr. Helmy zur Einreichung beim Entschädigungsamt, 9. Februar 1953; notarielle Abschrift in: LABO Berlin, Reg. Nr. 14 500, Bl. C 10–16.

60 *»nicht gesagt, dass Heß ein Idiot sei«:* Vgl. ebenda.

60 *spezialisiert auf Erkrankungen der Nieren und Blase:* Vgl.

Zeugnis für Dr. Helmy von Prof. Schilling, 30. September 1934, Politisches Archiv des Auswärtigen Amts, R 8045.

61 *Heß' Kindheit in Alexandria:* Kurt Pätzold/Manfred Weißbecker, *Rudolf Heß. Der Mann an Hitlers Seite,* Leipzig 1999, S. 17.

61 *»und dass er ein Trottel sei«:* Entschädigungsakte Helmy, LABO Berlin, Reg. Nr. 14 500, Bl. C 5. Die Behauptung vom gemeinsamen Schulbesuch war tatsächlich nur ein Gerücht. Helmy und die Heß-Brüder waren mehrere Lebensjahre auseinander und hatten in Ägypten außerdem in unterschiedlichen Städten gelebt – Heß in Alexandria, Helmy, laut den Interviews mit Nasser Kotby und Ahmed Farghal vom Mai 2016, in Gizeh, Tanta und Kairo. Darüber hinaus hatte Rudolf Heß überhaupt nur ein Jahr lang eine evangelische Grundschule in Ägypten besucht, bevor er von Privatlehrern weiterunterrichtet wurde, vgl. Pätzold/Weißbecker, *Rudolf Heß*, a. a. O., S. 17. Es war auch glaubhaft, wenn Helmy beteuerte, dass nicht er es gewesen war, der dieses Gerücht in die Welt gesetzt hatte, sondern jemand, der ihm schaden wollte. Helmy hat dies auch noch nach dem Krieg beteuert, als es für ihn längst vorteilhaft gewesen wäre, sich als antinazistischer Spötter darzustellen.

61 *»Paralytiker« Hitler, »Großmaul« Göring:* Vgl. voriges Kapitel.

62 *»auf das Bestimmteste« … »keineswegs als erfreulich«:* Schreiben des Chefs der Auslandsorganisation (AO) der NSDAP an das Polizeipräsidium Berlin, 9. November 1939, sowie Vermerk des Auswärtigen Amts, 16. November 1939, Politisches Archiv des Auswärtigen Amts, R27262.

62 *»jederzeit in der Lage« … »eingehend Stellung zu nehmen«:* Ebenda.

62 *Auch Rudolf Heß interessierte sich »persönlich«:* Vermerk des Auswärtigen Amts, 16. Mai 1941, Politisches Archiv des Auswärtigen Amts, R 29863.

62 *»Auf besonderen Wunsch des Stellvertreters«:* Vermerk des Auswärtigen Amts, 17. November 1939, Politisches Archiv des Auswärtigen Amts, R27262.

62 *In Kairo für ein paar Tage interniert:* Vgl. Werner Otto von Hentig, *Mein Leben. Eine Dienstreise*, Göttingen 1962, S. 332.

62 *Heß herrschte Weizsäcker an:* Vgl. ebenda, S. 332 ff.

62 *»sofort je etwa zehn Angehörige«:* Ebenda. Schreiben des Auswärtigen Amts, 30. September 1939 (»Eilt sehr«), Politisches Archiv des Auswärtigen Amts, R27262. Vermerk des Oberkommandos der Wehrmacht vom 10. Oktober 1939, Politisches Archiv des Auswärtigen Amts, R27262: »Als Vergeltungsmaßnahme gegenüber der Internierung von Reichsdeutschen in Ägypten sind in Deutschland eine Anzahl Ägypter interniert worden. Es wird um Prüfung der Frage gebeten, ob es nicht zweckmäßig wäre, die festgenommenen Ägypter freizugeben und dafür englische Staatsangehörige festzunehmen. Für eine derartige Maßnahme spricht der Umstand, dass die Festnahme der Deutschen in Ägypten auf englischen Druck hin erfolgte, dass andererseits die Freilassung der Ägypter für Deutschland eine günstige politische Wirkung in Ägypten verursachen würde.«

63 *»Eilt sehr«:* Schreiben des Auswärtigen Amts, 30. September 1939 (»Eilt sehr«), Politisches Archiv des Auswärtigen Amts, R27262.

SCHLUSS MIT HOFFEN – ABTAUCHEN

66 *Cecilie drei Wochen im Gestapo-Gefängnis:* Vgl. Jani Pietsch, *»Ich besaß einen Garten in Schöneiche bei Berlin«. Das verwaltete Verschwinden jüdischer Nachbarn und ihre schwierige Rückkehr*, Frankfurt/New York 2006, S. 101.

67 *Helmy riet Cecilie, sie solle sich verstecken:* Vgl. Bericht von Julie Wehr, 26. September 1945, Yad Vashem Archives, M.31, 12582. Datum laut Pietsch, Garten in Schöneiche, a. a. O., S. 101.

67 *»Er war es, der ihr zuredete«:* Bericht von Anna, 10. Juli 1945, Yad Vashem Archives, M. 31/12582.

67 *Einen kurzen Moment zögerte die Großmutter:* Vgl. Bericht

von Julie Wehr, 26. September 1945, Yad Vashem Archives, M. 31/12582; Pietsch, *Garten in Schöneiche*, a. a. O., S. 104.

67 *Das erste Nachtquartier organisierte Otto Buja:* Vgl. ebenda. Brief Julie Wehr an Henry Gutman, 6. November 1947, Familienarchiv Gutman.

67 *Otto Buja, der in Lichterfelde jenen kannte:* Vgl. Brief Julie Wehr an Henry Gutman, 6. November 1947, Familienarchiv Gutman.

67 *Frieda Szturmann, die gern Tarotkarten legte:* Vgl. Entschädigungsakte Cecilie Rudnik, LABO Berlin, Reg. Nr. 25535, Bl. C 8.

67 *»Man hat uns mit dem Eisen im Gelenk«:* Vermerk des Auswärtigen Amts, 23. Februar 1940, Politisches Archiv des Auswärtigen Amts, R 13637.

70 *Wülzburg:* Teils findet sich in Zeitzeugen-Erinnerungen auch die falsche Schreibweise Wühlsburg; zur korrekten Schreibweise siehe Politisches Archiv des Auswärtigen Amts, R 27262 (etwa den Stempel des Lagerarztes oder den Schriftverkehr zwischen Gestapo und Auswärtigem Amt).

70 *Ägypter, von denen man sich hohen Tauschwert versprach:* Die »Auswahl der zu Verhaftenden« sei der Gestapo überlassen worden, heißt es im Vermerk des Orient-Gesandten des Auswärtigen Amts Werner Otto von Hentig, 5. Oktober 1939, Politisches Archiv des Auswärtigen Amts, R27262.

70 *»jeweils immer die bedeutendsten Persönlichkeiten«:* Aufzeichnung des Auswärtigen Amts (»Geheim«), 4. Dezember 1939, Politisches Archiv des Auswärtigen Amts, R27262.

70 *Dr. Bey Aziz Cotta, Riad Ahmed Mohammed, Abdul Aziz Soliman, Zaki Halim:* Vgl. Schreiben Werner Otto von Hentigs an Unterstaatssekretär Woermann, 5. Oktober 1939, sowie Schreiben der Islamischen Gemeinde zu Berlin an Hentig, 28. Oktober 1939, beide Politisches Archiv des AA, R 41394.

70 *»bis die Ägypter auch den letzten Reichsdeutschen«:* Schreiben des Chefs der Auslandsorganisation (AO) der NSDAP an das Polizeipräsidium Berlin, 9. November 1939, sowie Schreiben des Auswärtigen Amts an die Gestapo, 17. No-

vember 1939, Politisches Archiv des Auswärtigen Amts, R 27262.

71 *Freigelassen, ohne dass politische Forderungen erfüllt worden wären:* Dr. Helmy wurde sogar als Erster freigelassen. Ihm war es gelungen, über muslimische Diplomaten einen Austausch einzufädeln: In Ägypten durften zwei inhaftierte Deutsche, die wie er krank geworden waren, die Haft verlassen, um sich ärztlich behandeln zu lassen. Im Gegenzug durfte Helmy dasselbe. Vermerk des Unterstaatssekretärs im Auswärtigen Amt Theodor Habicht, 24. Mai 1940, Politisches Archiv des Auswärtigen Amts, R 7620.

71 *»für propagandistische Zwecke«:* Vgl. Vermerk vom 29. April 1941, Politisches Archiv des Auswärtigen Amts, R 29863.

71 *Mohammed Taufik:* Vgl. Schreiben Kamal el-Din Galal an Werner Otto von Hentig, 30. Mai 1941, Politisches Archiv des Auswärtigen Amts, R 29863.

72 *»weil es möglich sein muss«, »weil deren Überwachung«:* Vermerk von Alfred Heß, 25. Oktober 1940, Politisches Archiv des Auswärtigen Amts, R 29863.

72 *täglich bei der Polizei melden:* Interview mit Ahmed Farghal vom Mai 2016.

72 *»die erste Katastrophe an den Hals genommen«:* Bericht von Anna, 10. Juli 1945, Yad Vashem Archives, M. 31, 12582.

72 *»einen Höllenkrach«:* Ebenda.

72 *»der Dicke«:* Vgl. die Briefe von Anna, Familienarchiv Gutman.

73 *kleiner Mann mit dünnem Haar:* Vgl. sein Foto im Opfer-des-Faschismus-Ausweis, Entschädigungsakte Georg Wehr, LABO Berlin, Reg. Nr. 71 761.

73 *vor Wut platzen:* Brief von Martin Rudnik an Anna Gutman, 8. April 1950, Familienarchiv Gutman.

73 *selbst nicht jüdisch:* Vgl. Entschädigungsakte Georg Wehr, LABO Berlin, Reg. Nr. 71 761, Bl. C 2.

73 *Beschreibung Burgstraße 28:* Vgl. Beata Kosmala, Mißglückte Hilfe und ihre Folgen: Die Ahndung der »Judenbegünstigung« durch NS-Verfolgungsbehörden, in: Beata Kosmala/ Claudia Schoppmann (Hrsg.), *Überleben im Untergrund.*

Hilfe für Juden in Deutschland 1941–1945, Berlin 2002, S. 205–221, hier S. 209 f.

73 *Annas Großmutter hatte sich an Georg Wehr gewandt:* Vgl. Entschädigungsakte Georg Wehr, LABO Berlin, Reg. Nr. 71 761, Bl. M 13.

73 *Übertragung an »arischen Schwiegersohn« werde nicht akzeptiert:* Brief Dr. Müllers vom 21. März 1938, ebenda, Bl. E 5.

74 *Übertragung an Transdanubia GmbH:* Entschädigungsakte Cecilie Rudnik, LABO Berlin, Reg. Nr. 25 535, Bl. M 6. Zur Liquidierung vgl. Datenbank »Berliner Gewerbebetriebe 1930–1945« im Berliner Landesarchiv, Eintrag M. Rudnik GmbH. Zur Interpretation auch Jani Pietsch, *»Ich besaß einen Garten in Schöneiche bei Berlin«*, a. a. O., S. 103.

74 *»Jeder wusste um meine Verhältnisse«:* Entschädigungsakte Georg Wehr, LABO Berlin, Reg. Nr. 71 761, Bl. M 14.

74 *Mangel an »persönlicher Zuverlässigkeit«:* Ebenda, Bl. M 14, B 29, E 11.

74 *Lichterfelde Wurstwaren:* Vgl. ebenda, Bl. M 14.

74 *Georg Wehr packte demonstrativ die Koffer:* Vgl. Bericht von Anna, 10. Juli 1945, Yad Vashem Archives M. 31, 12582.

74 *»Nach viel Zureden von uns« und folgende Zitate:* Ebenda. Laut Julie hingegen wurde die ganze Sache zwischen Helmy und Georg Wehr per Telefon geregelt, vgl. Bericht von Julie Wehr, 26. September 1945, Yad Vashem Archives, M. 31/12582. Das ist allerdings angesichts der von Anna geschilderten erhöhten Vorsicht bei Gesprächen am Telefon weniger wahrscheinlich.

75 *»Herr Doktor musste nun für alle«:* Bericht von Anna, 10. Juli 1945, Yad Vashem Archives, M. 31/12582.

75 *bei Hildegard Ullbrich:* Vgl. Entschädigungsakte Martin Rudnik, LABO Berlin, Reg. Nr. 23973, Bl. C 8f., C 10, D 28.

75 *1938 Lehre als Zahntechniker:* Vgl. ebenda, Bl. M 17.

76 *Kautschuk-, Metall- und Brückentechnik:* Vgl. ebenda, Bl. E 3.

76 *Zwangsarbeit in Blechwarenfabrik in Weißensee:* Vgl. ebenda, Bl. M 17.

76 *»unter falscher Identität allerlei Schiebereien«:* Vgl. ebenda, Bl. D 27–28.

76 *Leica, Ring, Taschenuhr:* Vgl. ebenda, Bl. D 18.

76 *Otto Buja brachte Geld oder Zigaretten:* Vgl. ebenda, Bl. D 27–28.

76 *»und wenn Martin in Not war«:* Bericht von Julie Wehr, 26. September 1945, Yad Vashem Archives, M. 31/12582.

76 *»verreist«:* Handschriftlicher Lebenslauf von Anna, Dezember 1953, Landesarchiv Berlin, B Rep. 078, Nr. 0561 (Aktenbestand »Unbesungene Helden«, Antrag Mohd Helmy), Bl. 13–16, hier Bl. 14.

77 *»Bei Nichtbefolgung dieser Anordnung«:* Entschädigungsakte Anna, LABO Berlin, Reg. Nr. 52472, Bl. C 45.

EIN VERWEGENER PLAN

79 *Hauptmann Ludwig hatte sie einmal aufgefordert:* Vgl. Entschädigungsakte Anna, LABO Berlin, Reg. Nr. 52472, Bl. C 40.

80 *»Es hieß, die Ausländer müssen raus«:* Bericht von Anna, 10. Juli 1945, Yad Vashem Archives, M. 31/12582.

80 *Anna hatte nicht die Absicht, Folge zu leisten:* Vgl. Handschriftlicher Lebenslauf von Anna, Dezember 1953, Landesarchiv Berlin, B Rep. 078, Nr. 0561 (Aktenbestand »Unbesungene Helden«, Antrag Mohd Helmy), Bl. 13–16.

80 *»Die anderen Leidensgenossen«:* Selbstverfasster Lebenslauf von Anna, 1. November 1945, Yad Vashem Archives, M. 31/12582.

80 *Im November 1941 hatte die rumänische Regierung:* Vgl. Radu Ioanid, *The Holocaust in Romania. The Destruction of Jews and Gypsies Under the Antonescu Regime, 1940–1944*, Chicago 2000, S. 259–270.

80 *Beim Stempeln riet er Anna:* Vgl. Handschriftlicher Lebenslauf von Anna, Dezember 1953, Landesarchiv Berlin, B Rep. 078, Nr. 0561 (Aktenbestand »Unbesungene Helden«, Antrag Mohd Helmy), Bl. 13–16.

81 *»Es blieb mir auch nichts«:* Bericht von Anna, 10. Juli 1945, Yad Vashem Archives, M. 31/12582.

81 *»Man hatte schon gehört, dass Juden nicht nach Rumänien«:* Handschriftlicher Lebenslauf von Anna, Dezember 1953, Landesarchiv Berlin, B Rep. 078, Nr. 0561 (Aktenbestand »Unbesungene Helden«, Antrag Mohd Helmy), Bl. 13–16.

81 *»Meine Großmutter hielt nirgends Frieden«:* Bericht von Anna, 10. Juli 1945, Yad Vashem Archives, M. 31/12582.

81 *»Sie war so gehässig«:* Ebenda.

81 *»eisernen Fleiß«, »größte Sparksamkeit«:* Selbstverfasster Lebenslauf von Cecilie Rudnik, 5. November 1945, Landesarchiv Berlin, C Rep. 118–01, Nr. 35 340.

81 *Sorge, die jungen Leute würden verhungern:* Vgl. Brief von Helene Mattisson an Anna Gutman, 10. September 1948, Familienarchiv Gutman.

82 *Dort sollten die Nachbarn die Räume für ungewohnt halten:* Vgl. Jani Pietsch, *»Ich besaß einen Garten in Schöneiche bei Berlin«. Das verwaltete Verschwinden jüdischer Nachbarn und ihre schwierige Rückkehr*, Frankfurt/New York 2006, S. 104.

82 *»Am Ende« habe Martin »sich nicht mehr gemeldet«:* Bericht von Anna, 26. September 1945, Yad Vashem Archives, M. 31/12582.

82 *»Dann verfolgte mich die Gestapo«:* Selbstverfasster Lebenslauf von Anna, 1. November 1945, Yad Vashem Archives, M. 31/12582.

83 *zeigten Beleg für die Fahrkarte vor:* Vgl. handschriftlicher Lebenslauf von Anna, Dezember 1953, Landesarchiv Berlin, B Rep. 078, Nr. 0561 (Aktenbestand »Unbesungene Helden«, Antrag Mohd Helmy), Bl. 13–16, hier 14 f.

83 *»Die Gestapo glaubte«:* Ebenda, Bl. 14.

83 *Der Name Nadja:* Interviews mit Carla Gutman Greenspan und Charles Gutman vom September 2016.

UNSICHTBAR VOR ALLER AUGEN

85 *Ein Kopftuch, eine Tarnkappe:* Interviews mit Carla Gutman Greenspan und Charles Gutman vom September 2016.

85 *Morgens begleitete Anna ihren Beschützer:* Ebenda.

85 *»für propagandistische Zwecke«:* Vermerk des Auswärtigen Amts, 29. April 1941, Politisches Archiv des Auswärtigen Amts, R 29863.

86 *Nichte aus Dresden:* Handschriftlicher Lebenslauf von Anna, Dezember 1953, Landesarchiv Berlin, B Rep. 078, Nr. 0561 (Aktenbestand »Unbesungene Helden«, Antrag Mohd Helmy), Bl. 13–16, hier 15, sowie Interviews mit Carla Gutman Greenspan und Charles Gutman vom September 2016.

87 *»Ich habe viel gelernt«:* Interviews mit Carla Gutman Greenspan und Charles Gutman vom September 2016.

87 *»die letzte Möglichkeit für Euch Muselmannen«:* Pamphlet »Muselmannen«, ca. 1944, Bundesarchiv, Militärarchiv, RS 3–39/1, zit. n. David Motadel, *Islam and Nazi Germany's War, Cambridge*, Massachusetts/London 2014, S. 250.

88 *»Eure Excellenz« und folgende Zitate:* Schreiben Helmys an Hitler, 8. Dezember 1939, Politisches Archiv des Auswärtigen Amts, R 27262.

89 *»unter der Bedingung, dass sie die Entlassung«:* Vermerk von Martin Bormann, 19. November 1939, Politisches Archiv des Auswärtigen Amts, R 27262.

89 *»unter Aufbietung ihres Einflusses«:* Schreiben des Auswärtigen Amts an die Gestapo, 17. November 1939, Politisches Archiv des Auswärtigen Amts, R 27262.

90 *sie ließen Helmy und den Kinobesitzer wieder einfangen:* Die Zeit vom 8. Dezember 1939 bis zum 5. Januar 1940 hat Helmy in Freiheit verbringen dürfen. Vermerk von Alfred Heß vom 24. Oktober 1940 sowie Vermerk vom 29. April 1941, Politisches Archiv des Auswärtigen Amts, R 29863.

90 *seit zehn Jahren NSDAP-Mitglied, »als einziger Ägypter«:* Schreiben Helmys an Konsul Dr. Melches, 13.13.1939 (sic), Politisches Archiv des Auswärtigen Amts, R 27262.

90 *»Deutsche, die Anhänger des Islams sind«:* Rundschreiben Nr. 124/43, Führerhauptquartier, 2. September 1943, Bundesarchiv Berlin, NS 6/342.

90 *Erkundigung bei der Partei-Gauleitung:* Vgl. Politisches Führungszeugnis zur Vorlage beim Auswärtigen Amt, NSDAP

Gau Berlin, Kreis IV, Ortsgruppe Wiking, 13. Dezember 1939, Politisches Archiv des Auswärtigen Amts, R 27262.

91 *»von einer Übersetzung derjenigen Stellen abzusehen«:* Brief des Propagandaministeriums an das Auswärtige Amt, 12. November 1936, Politisches Archiv des Auswärtigen Amts, R 121232.

91 *»Demokratie« gegen »Volksgemeinschaft« ausgetauscht:* Vgl. Marc David Baer, »Muslim Encounters with Nazism and the Holocaust: The Ahmadi of Berlin and Jewish Convert to Islam Hugo Marcus«, in: *The American Historical Review* 120 (2015), Heft 1, S. 140–171, hier S. 159.

91 *In der Zeitschrift Moslemische Revue:* Vgl. ebenda.

92 *1938 heimlich Visumspapiere für Albanien und Britisch-Indien:* Vgl. ebenda, S. 158–160.

92 *Als Urheber dieser ersten »aus der Feder eines Muslims«:* Vgl. Manfred Backhausen, *Die Lahore-Ahmadiyya-Bewegung in Europa*, Wembley 2008, S. 77.

92 nur ein einziges Mal in Berlin zu Gesicht bekommen: Interviews mit Carla Gutman Greenspan und Charles Gutman vom September 2016.

92 *für Küchenarbeit zuständig:* Vgl. Brief Anna Gutman an Henry Gutman, 12. August 1947, Familienarchiv Gutman.

92 *nähte und strickte:* Interviews mit Carla Gutman Greenspan und Charles Gutman vom September 2016.

92 *»Verzeihen Eure Exzellenz«:* Brief von Emmy Ernst an Joachim von Ribbentrop, 16. April 1940, Politisches Archiv des Auswärtigen Amts, R 8045.

93 *»Politisch hat sich Dr. Helmy«:* Brief von Emmy Ernst an Hitler, 16. April 1940, Politisches Archiv des Auswärtigen Amts, R 8045.

94 *Jüdischer Fahndungsdienst:* Vgl. Beata Kosmala, »Mißglückte Hilfe und ihre Folgen: Die Ahndung der »Judenbegünstigung« durch NS-Verfolgungsbehörden«, in: Beata Kosmala/Claudia Schoppmann (Hrsg.), *Überleben im Untergrund. Hilfe für Juden in Deutschland 1941–1945*, Berlin 2002, S. 205–221, hier S. 209, sowie Christian Dirks, »›Greifer‹. Der Fahndungsdienst der Berliner Gestapo«, in: Beate

Meyer/Hermann Simon (Hrsg.), *Juden in Berlin 1938–1945*, Berlin 2000, S. 233–257.

95 *Unter der Hand behandelten sie weiter illegal Juden:* Handschriftlicher Lebenslauf von Anna, Dezember 1953, Landesarchiv Berlin, B Rep. 078, Nr. 0561 (Aktenbestand »Unbesungene Helden«, Antrag Mohd Helmy), Bl. 13–16, hier Bl. 15.

IN DER HÖHLE DES LÖWEN

97 *Die SS hatte Dr. Helmy und »Nadja« in ihre Zentrale zitiert:* Interviews mit Carla Gutman Greenspan und Charles Gutman vom September 2016.

100 *»Die Juden kann man mit krankheitserregenden« und folgendes Zitat:* Zit. n. Klaus-Michael Mallmann/Martin Cüppers, *Halbmond und Hakenkreuz. Das Dritte Reich, die Araber und Palästina*, Darmstadt 2006, S. 115.

100 *»um die Juden in ihrem Wohlstand«:* Zit. n. ebenda, S. 49.

101 *Arabischer Proteststreik, Hakenkreuze:* Vgl. ebenda.

102 *»Diese Äußerlichkeiten bedeuten«:* David Motadel, *Islam and Nazi Germany's War*, Cambridge, Massachussetts/London 2014, S. 260.

102 *Hitler, »der für Gott, Glauben, Sittlichkeit«:* M. N., Bajramfest in der Division: Eine Gemeinschaft auf Gedeih und Verderb: Ansprachen des Kommandeurs und des Divisions-Imams zum Bajramfest (Bajram u Našoj Diviziji: Zakleta Zajednica: Govor Zapoviednika i Divizijskog Imama Prilikom Bajramske Svečanosti'), in: *Handžar* 7, 1943, zit. n. ebenda, S. 255.

103 *»Arisierte« Villa, Apanage:* Vgl. ebenda, S. 42; Mallmann/Cüppers, *Halbmond und Hakenkreuz*, a.a.O., S. 41 f., 108, 319.

103 *Abzeichen und Ramadan-Feier:* Motadel, *Islam and Nazi Germany's War*, a. a. O., S. 254 f.

104 *»Diese Sprache versteht der Soldat«:* Zit. n. den Erinnerungen von Himmlers Leibarzt Felix Kersten, *Totenkopf und Treue. Heinrich Himmler ohne Uniform. Aus den Tagebuchblättern des finnischen Medizinalrats Felix Kersten*, Hamburg 1952, S. 203 (1. Dezember 1942).

104 *Der Großmufti protestiert gegen Ausreise jüdischer Kinder:* Mallmann/Cüppers, *Halbmond und Hakenkreuz*, a. a. O., S. 117.

105 *»Wir wollen uns mit nicht weniger begnügen«:* Zit. n. Gerhard Höpp (Hrsg.), *Mufti-Papiere. Briefe, Memoranden, Reden und Aufrufe Amin al-Hussainis aus dem Exil, 1940–1945*, Berlin 2001, S.233.

105 *»kompromisslosem Kampf gegen die Juden«:* Zit. n. Mallmann/Cüppers, *Halbmond und Hakenkreuz*, a. a. O., S. 107.

105 *»Angst ist ein Wort, das«:* Interview mit Charles Gutman vom September 2016.

ÜBER NACHT MUSLIMIN

107 *»die mäuseähnlichen Züge«:* N. N., Die Galal-Vorstellung, *Der Spiegel* Nr. 17/1959, 22. April 1959.

108 *Feier am 18. Dezember 1942:* Mallmann/Cüppers, *Halbmond und Hakenkreuz*, a. a. O., S. 114.

109 *Galals Studienjahre:* Vgl. Gerhard Höpp, »Zwischen Universität und Straße. Ägyptische Studenten in Deutschland 1849–1945«, in: Konrad Schliephake/Ghazi Shanneik (Hrsg.), *Die Beziehungen zwischen der Bundesrepublik Deutschland und der Arabischen Republik Ägypten*, Würzburg 2002, S. 31–41, hier S. 39.

109 *Bariq al-Sharq:* Vgl. ebenda, S. 41.

109 *als »zuverlässig bekannt«:* Brief mit unleserlicher Signatur, Politisches Archiv des Auswärtigen Amts, R 29863; siehe auch Nachlass Prof. Dr. Gerhard Höpp, Zentrum Moderner Orient, Berlin, 01.15.061.

109 *»von Nutzen«:* Gerhard Höpp, *Zwischen Universität und Straße*, a. a. O., S. 40.

110 *Helmy bezeichnete sich ein Leben lang als Muslim:* »Ich bin Ägypter und Muslim«, schrieb Helmy noch lange nach dem Krieg an den Konsul von Ägypten in Hamburg, Berlin 22. September 1962, Nachlass Dr. Helmy, Familienarchiv el-Kelish.

110 *Man hatte der Berliner Jüdischen Gemeinde angehört:* Vgl. Entschädigungsakte Anna, LABO Berlin, Reg. Nr. 52 472, Bl. C 12.

111 *Fleischbällchen mit Milch:* Interview mit Carla Gutman Greenspan vom September 2016.

111 *Massel tov:* Brief von Cecilie Rudnik und Martin Rudnik an Anna Gutman, 23. Februar 1952, Familienarchiv Gutman.

111 *frohe Ostern:* Brief von Martin Rudnik an Anna Gutman, 8. April 1950, Familienarchiv Gutman.

111 *Galal übernimmt Islam-Institut:* Vgl. Aufzeichnung des Auswärtigen Amts (»Geheim«), 4. Dezember 1939, Politisches Archiv des Auswärtigen Amts, R 27262, sowie Gerhard Höpp, »Muslime unterm Hakenkreuz. Zur Entstehungsgeschichte des Islamischen Zentralinstituts zu Berlin e. V.«, in: *Moslemische Revue* 1 (1994), S. 16–27.

112 *SS hatte sich an Galal gewandt:* Vgl. Gerhard Höpp, »Der Koran als ›Geheime Reichssache‹. Bruchstücke deutscher Islam-Politik zwischen 1938 und 1945«, in: Holger Preißler/Hubert Seiwert (Hrsg.), *Gnosisforschung und Religionsgeschichte. Festschrift für Kurt Rudolph zum 65. Geburtstag*, Marburg 1994, S. 435–446.

112 *»Die Juden sind von den Christen«:* Sadr-ud-Din, »Die Christen und die Juden«, in: *Moslemische Revue*, April 1924, S. 41 f.

112 *»belastete er sie mit dem ewigen Fluch«:* Ansprache am 21. April 1943, zit. n. Klaus-Michael Mallmann/Martin Cüppers, *Halbmond und Hakenkreuz. Das Dritte Reich, die Araber und Palästina*, Darmstadt 2006, S. 115.

113 *»bereits vorausgesagt und beauftragt«:* Zit. n. ebenda, S. 120.

113 *»als der im Koran vorhergesagte«:* Zit. n. ebenda.

113 *»einige zusammenhanglose Sätze«:* Vgl. Schreiben Kamal el-Din Galals an Dr. Schmidt-Dumont, Propagandministerium, Abteilung Ausland, 26. Februar 1944, im Nachlass Prof. Dr. Gerhard Höpp, Zentrum Moderner Orient, Berlin, 013/006.

113 *»O Araber, seht ihr«:* Briefverkehr zwischen dem Propagan-

daministerium, Galal und dem Reichssicherheitshauptamt, Bl. 54, Nachlass Prof. Dr. Gerhard Höpp, Zentrum Moderner Orient, Berlin, 013/006.

114 *»Als die Mohammedaner« und folgende Hitler-Zitate:* Zit. n. Albert Speer, *Erinnerungen*, Berlin 1969, S. 109–110.

115 *»eine praktische Befolgung«:* Zit. n. Saul Friedländer, *Das Dritte Reich und die Juden*, Band 1 und 2 in Neuauflage München 2007, S. 118.

115 *»ein selten anständiger«:* Ian Kershaw, *Hitler 1889–1936*, München 1998, am Ende von Kapitel VI.

116 *»geheimnisvolle ... mohammedanische Arbeitsgruppe«:* Victor Klemperer, Eintrag vom 12. November 1944, in: *Ich will Zeugnis ablegen bis zum letzten: Tagebücher 1941–1945*, hrsg. von Walter Nowojski, Berlin 1995, S. 610.

116 *Mosaike in zentralasiatischem Stil:* Vgl. David Motadel, *Islam and Nazi Germany's War*, Cambridge, Massachussetts/London 2014, S. 278.

116 *»Glückselig die Wahnsinnigen«:* Yvan Goll, Sodom Berlin, Frankfurt 1988 (Übersetzung der Originalausgabe, ursprünglich erschienen 1929 in Paris), S. 80.

117 *»Ein paar Handvoll buddhistischer Reis«:* Ebenda, S. 59.

117 *Um Moslem zu werden«:* Sadr-ud-Din, »Das Glaubensbekenntnis des Islam«, in: *Moslemische Revue* 1, April 1924, S. 22–24, hier S. 24.

117 *»Berlin, den 10. Juni 1943«:* Übertritts-Bescheinigung, Berlin 10. Juni 1943, Yad Vashem Archives, M. 31/12582.

MARIAGE BLANC

119 *Mariage blanc, wie man in Ägypten sagte:* Vgl. Irene Messinger, »Schutz- und Scheinehen im Exilland Ägypten«, in: Margit Franz/Heimo Halbrainer/Gabriele Anderl (Hrsg.), *Going East. Going South. Österreichisches Exil in Asien und Afrika*, Graz 2013, S. 165–182, hier S. 167.

120 *»Wir setzten uns gemeinsam«:* Ermittlungsakte der Staatsanwaltschaft 1941, Landesarchiv Berlin, A Rep. 358-02,

Nr. 154335. Dort auch Angaben zu Geburtsdatum, Lebenslauf und Einkommen.

120 *»Sodom und Gomorrha«:* Vgl. Goll, *Sodom Berlin*, a. a. O., S. 74.

121 *Die Idee stammte von November 1942:* Vgl. Schreiben des Rumänischen Generalkonsulats an Anna, Berlin, 4. November 1942, Yad Vashem Archives, M. 31/12582: »Auf Ihr Schreiben v. 4. ds. Mts. teilt Ihnen das Generalkonsulat mit, dass es nichts dagegen einzuwenden hat, wenn Sie einen aegyptischen Staatsangehörigen heiraten.«

121 *»Wir bemerken, dass«:* Schreiben der Schweizerischen Gesandtschaft an Abdel Aziz Helmy Hammad, Berlin, 28. Juni 1943, Yad Vashem Archives, M. 31/12582.

121 *Er hatte versucht, Anna zu adoptieren:* Vgl. Bericht von Julie Wehr, 26. September 1945, Yad Vashem Archives, M. 31/12582.

121 *»unüberwindliche Schwierigkeiten«:* Selbstverfasster Lebenslauf von Helmy, Landesarchiv Berlin, B Rep. 078, Nr. 0561 (Aktenbestand »Unbesungene Helden«, Antrag Mohd Helmy), Bl. 17.

121 *Risa Wortsmann:* Vgl. Robert Satloff, *Among the Righteous. Lost Stories from the Holocaust's Long Reach into Arab Lands*, New York 2006, S. 171 f.

124 *Einigen Jüdinnen »gelang es sogar, ihre Eltern«:* Thea Levinsohn-Wolf, *Stationen einer jüdischen Krankenschwester. Deutschland – Ägypten – Israel*, Frankfurt 1996, S. 48 sowie Irene Messinger, »Schutz- und Scheinehen im Exilland Ägypten«, in: Margit Franz/Heimo Halbrainer/Gabriele Anderl (Hrsg.), *Going East. Going South. Österreichisches Exil in Asien und Afrika*, Graz 2013, S. 165–182, hier S. 171–177.

124 *»Am Abend des Mittwochs«:* Handschriftliche arabische Heiratsurkunde, Yad Vashem Archives, M. 31/12582.

124 *Königin-, Roxy-, Uhu- usw.:* Vgl. Michael H. Kater, *Gewagtes Spiel. Jazz im Nationalsozialismus*, Köln 1995, S. 130.

124 *Orient-Restaurant Schark:* Vgl. Gerhard Höpp, »›Die Sache ist von immenser Wichtigkeit …‹. Arabische Studenten in

Berlin«, Manuskript im Nachlass Prof. Dr. Gerhard Höpp, Zentrum Moderner Orient, Berlin, 07.08.005, S. 20.

125 *Geheime Glocke, falsche Songtitel:* Kater, *Gewagtes Spiel*, a. a. O., S. 130.

125 *Violinist Paul Weinapel:* Vgl. ebenda, S. 86.

125 *Ciro Bar, der schräge Otto:* Vgl. Knud Wolffram, *Tanzdielen und Vergnügungspaläste. Berliner Nachtleben in den dreißiger und vierziger Jahren. Von der Friedrichstraße bis Berlin W, von Moka Efti bis zum Delphi*, Berlin 1992, S. 189.

126 *»wieder einige Stufen hoch«: Berliner Herold*, Nr. 4, 24. Januar 1932, zit n. ebenda, S. 189.

126 *Mostafa el-Sherbini:* Vgl. Kater, *Gewagtes Spiel*, a. a. O., S. 78 f. und S. 131.

126 *»Diese Ehe ist religiös anerkannt«:* Handschriftliche Heiratsurkunde, Yad Vashem Archives, M. 31/12582.

DIE GESTAPO KOMMT NÄHER

127 *Spaziergänge von Anna und Emmy:* Interviews mit Carla Gutman Greenspan und Charles Gutman vom September 2016.

127 *»schlug fehl«:* Vgl. Bericht von Anna, 10. Juli 1945, Yad Vashem Archives, M. 31/12582.

127 *»Ich bitte, die eingereichten Urkunden«:* Schreiben des Standesamts Berlin-Charlottenburg an Abdel Aziz Helmy Hammad, 21. Juni 1943, Familienarchiv Gutman.

128 *Vor der Heirat rassische Überprüfung:* Vgl. David Motadel, *Islam and Nazi Germany's War*, Cambridge, Massachussetts/London 2014, S. 57 f.

128 *Aufgrund der »Rassezugehörigkeit« verwehrt:* Vgl. eidesstattliche Versicherung von Dr. Helmy zur Einreichung beim Entschädigungsamt, 9. Februar 1953, notarielle Abschrift, in: Landesamt für Bürger- und Ordnungsangelegenheiten Berlin, Entschädigungsbehörde (LABO Berlin), Reg. Nr. 14 500, Bl. C 10–16.

128 *»Der Herr Reichsminister«:* Schreiben des Standesamts

Berlin-Charlottenburg an Hammad, 21. Juni 1943, Familienarchiv Gutman.

128 *»zur Ausreise«:* Schreiben des rumänischen Konsulats an Anna, 5. Juli 1943, Familienarchiv Gutman.

129 *»Von der Gestapo ist wiederholt«:* Vgl. eidesstattliche Versicherung von Dr. Helmy zur Einreichung beim Entschädigungsamt, 9. Februar 1953, notarielle Abschrift, in: LABO Berlin, Reg. Nr. 14 500, Bl. C 10–16.

130 *»Herr Doktor musste mich«:* Bericht von Anna, 10. Juli 1945, Yad Vashem Archives, M. 31/12582.

130 *Das Schicksal der Hausbewohner:* Unveröffentlichte Recherchen von Sabine Mülder und Dr. Karsten Mülder, Berlin.

DIE LETZTE LÜGE

131 *Mutter und Stiefvater brachten Lebensmittel vorbei:* Vgl. Entschädigungsakte Anna, LABO Berlin, Reg. Nr. 52 472, Bl. C 2.

131 *Nachrichten von Annas Großmutter:* Vgl. Bericht von Anna, 10. Juli 1945, Yad Vashem Archives, M. 31/12582.

131 *»nur die Rede von Juden«:* Ebenda.

132 *Firma Rose & Co., Firma Herrmann:* Vgl. Entschädigungsakte Julie Wehr, LABO Berlin, Reg. Nr. 72 475, Bl. B 12, E 2.

132 *Wurstfabrik kriegswichtig:* Vgl. Entschädigungsakte Georg Wehr, LABO Berlin, Reg. Nr. 71 761, Bl. E 25.

132 *Ein Leben lang auf dem linken Ohr schwerhörig:* Vgl. Entschädigungsakte Martin Rudnik, LABO Berlin, Reg. Nr. 23 973, Bl. B 4, B 7, B 17.

133 *An der Siegessäule vom Lastwagen gesprungen:* Vgl. ebenda, Bl. C 8 f.

133 *In der Levetzowstraße Flucht durch ein Fenster:* Vgl. ebenda.

133 *»Was für eine Gefahr das war«:* Bericht von Anna, 10. Juli 1945, sowie Bericht von Julie Wehr, 26. September 1945, Yad Vashem Archives, M. 31/12582.

133 *Helmy borgte Martin Geld, gab ihm zu Essen:* Vgl. ebenda.

134 *Unterbringung in Staaken, Lichterfelde und Neukölln:* Vgl.

eidesstattliche Versicherung von Dr. Helmy zur Einreichung beim Entschädigungsamt, 9. Februar 1953, notarielle Abschrift, in: LABO Berlin, Reg. Nr. 14 500, Bl. C 10–16, sowie selbstverfasster Lebenslauf von Anna, 1. November 1945, Yad Vashem Archives, M. 31/12582.

134 *»Nach drei Wochen wagte«:* Vgl. Bericht von Anna, 10. Juli 1945, Yad Vashem Archives, M. 31/12582, sowie eidesstattliche Versicherung von Dr. Helmy zur Einreichung beim Entschädigungsamt, 9. Februar 1953, notarielle Abschrift, in: LABO Berlin, Reg. Nr. 14 500, Bl. C 10–16.

134 *Frostschäden an beiden Beinen:* Vgl. Entschädigungsakte Anna, LABO Berlin, Reg. Nr. 52472, Bl. B1, B 12f., B 24.

135 *Leben in Berliner Gartenkolonien:* Vgl. Peter Warnecke, *Laube, Liebe, Hoffnung. Kleingartengeschichte*, Berlin 2001, S. 48 f.

135 *Auch Helmy und Emmy zogen hinaus; Fliegerbombe:* Vgl. selbstverfasster Lebenslauf von Anna, 1. November 1945, sowie Bericht von Anna, 10. Juli 1945, Yad Vashem Archives, M. 31/12582.

135 *Existenz der Gartenlaube geheim:* Vgl. handschriftlicher Lebenslauf von Anna, Dezember 1953, Landesarchiv Berlin, B Rep. 078, Nr. 0561 (Aktenbestand »Unbesungene Helden«, Antrag Mohd Helmy), Bl. 13–16, hier S. 15.

135 *»Allen Nachforschungen der Gestapo«:* Vgl. ebenda.

135 *»Meine Tochter konnte nicht untätig bleiben«:* Bericht von Julie Wehr, 26. September 1945, Yad Vashem Archives, M. 31/12582.

136 *Die anderen Zwangsarbeiterinnen »wussten nach und nach«:* Bericht von Anna, 10. Juli 1945, Yad Vashem Archives, M. 31/12582.

136 *»trotzdem wir alle Tage zu ihr redeten«:* Ebenda; sowie eidesstattliche Versicherung von Dr. Helmy zur Einreichung beim Entschädigungsamt, 9. Februar 1953, notarielle Abschrift, in: LABO Berlin, Reg. Nr. 14 500, Bl. C 10–16.

136 *Die Männer brachten sie in die Schulstraße 78:* Vgl. Entschädigungsakte Julie Wehr, LABO Berlin, Reg. Nr. 72475, Bl. C 2.

137 *»habe ich einen Fehler begangen«:* Bericht von Julie Wehr, 26. September 1945, Yad Vashem Archives, M. 31/12582.

137 *»Es waren furchtbare«:* Vgl. Bericht von Anna, 10. Juli 1945, Yad Vashem Archives, M. 31/12582.

137 *»über ihre Abstammung getäuscht«:* Vgl. eidesstattliche Versicherung von Dr. Helmy zur Einreichung beim Entschädigungsamt, 9. Februar 1953, notarielle Abschrift, in: LABO Berlin, Reg. Nr. 14 500, Bl. C 10–16.

BESUCH IN KAIRO

147 *Am 21. April 1945 erreicht die Rote Armee:* Eidesstattliche Erklärung von Helmy zur Vorlage beim Entschädigungsamt, 11. Mai 1954, Landesarchiv Berlin, B Rep. 078, Nr. 0561 (Aktenbestand »Unbesungene Helden«, Antrag Mohd Helmy), Bl. 17.

148 *»Ich schrieb an Diplomaten«:* Robert Satloff, *Among the Righteous. Lost Stories from the Holocaust's Long Reach into Arab Lands*, New York 2006, S. 173.

149 *Große Moschee von Paris:* Ebenda, S. 141–151.

149 *Mordecai Paldiel verwies darauf:* Sonja Hegasy, Araber und Nazi-Deutschland: »Kollaborateure und Widersacher«, online publiziert unter www.qantara.de am 1.12.2010.

149 *»die Vergangenheit eine starke Quelle«:* Satloff, *Among the Righteous*, a. a. O., S. 2.

151 *»Meine Mutter ist Deutsche«:* Vgl. Schreiben Helmys an die iranische Gesandtschaft, 24. Oktober 1939, sowie Schreiben Helmys an Hitler, 8. Dezember 1939, beide im Politischen Archiv des Auswärtigen Amts, R 27262.

152 *»Ich bin Deutsch-Ägypter«:* Schreiben Helmys an das Auswärtige Amt, 25. Oktober 1939, Politisches Archiv des Auswärtigen Amts, R 27262. Vgl. auch Schreiben Helmys an Konsul Dr. Melches, 13.13.1939 (sic), ebenda: »außerdem bin ich Halbdeutscher«.

152 *»Meine Eltern waren Ägypter«:* Vgl. eidesstattliche Versicherung von Dr. Helmy zur Einreichung beim Entschädigungs-

amt, 9. Februar 1953, notarielle Abschrift, in: LABO Berlin, Reg. Nr. 14 500, Bl. C 10–16.

152 *»Ägypterin und Muslimin«:* Schreiben Helmys an Kairoer Stadtverwaltung (Antrag auf Ausstellung einer neuen Geburtsurkunde), 16. Dezember 1959, Familienarchiv el-Kelish.

153 *»Die Einfahrt nach NY«:* Brief von Anna Gutman an Henry Gutman, undatiert, Familienarchiv Gutman.

153 *»Ich arbeite bei einer Cousine«:* Ebenda.

154 *»Ich weiß nichts von meinen Eltern« und folgende Zitate:* Brief von Anna Gutman an Henry Gutman, 12. August 1947, Familienarchiv Gutman.

QUELLEN

ARCHIVE UND DATENBANKEN

Nachlass Anna Gutman, Familienarchiv Carla Gutman Greenspan (New York)

Nachlass Dr. Mohammed Helmy, Familienarchiv Mohammed el-Kelish (Kairo)

Landesarchiv Berlin

Politisches Archiv des Auswärtigen Amtes

Entschädigungsbehörde im Landesamt für Bürger- und Ordnungsangelegenheiten Berlin

Yad Vashem Righteous Among the Nations Department

Zentrum Moderner Orient (Berlin)

Gedenkstätte deutscher Widerstand (Berlin)

Digitalisierte Berliner Adressbücher *(https://www.zlb.de/besondere-angebote/berliner-adressbuecher.html)*

Gedenkbuch des Bundesarchivs für die Opfer der nationalsozialistischen Judenverfolgung in Deutschland *(https://www.bundesarchiv.de/gedenkbuch/)*

Datenbank zur Volkszählung 1939 von Tracing the Past e. V. *(https://www.tracingthepast.org/index.php/en/)*

BILDNACHWEIS

Nachlass Anna Gutman / Familienarchiv Gutman, New York 19, 155, 157, 163, 164, 166, 167

Nachlass Dr. Mohammed Helmy / Familienarchiv el-Kelish, Kairo 42/43, 51, 158, 160

Familienarchiv Dieter Szturmann, Berlin 165

akg-images / Pictures From History 161

Archiv der Berliner Moschee der Lahore-Ahmadiyya-Bewegung zur Verbreitung islamischen Wissens (z. Zt. London) 86, 162

Bettmann / Kontributor / Getty Images 68/69

bpk Bildagentur 99

Department of Special Collections, Stanford University Libraries 144

Planet News Archive / SSPL / Getty Images 29

Röhnert / Süddeutsche Zeitung Photo 138/139

DANK

Zwei Kinder von Anna haben mich in New York empfangen, tagelang Familienerinnerungen mit mir geteilt und einen seit Jahrzehnten auf einem Dachboden liegenden Faux-Krokodillederkoffer mit Briefen, Fotos und Tagebüchern auf Jiddisch, Ungarisch und Deutsch geöffnet: Carla Gutman Greenspan und Charles Gutman.

Ein Neffe, zwei Großneffen und die Witwe eines weiteren Großneffen von Dr. Helmy haben mich in Kairo empfangen, mir ihren Fotoschatz gezeigt und Helmys persönlichen Nachlass anvertraut: Mohammed el-Kelish, Ahmed Nur el-Din Farghal, Prof. Dr. med. Nasser Kotby und Mervat el-Kashab. Für ihr Vertrauen, ihre Offenheit und Herzlichkeit bin ich ihnen allen dankbar.

Hinweise, Anregungen und Unterstützung gaben Dr. Sonja Hegasy, Yasser Mehanna und Teresa Schlögl vom Zentrum Moderner Orient, Martina Voigt von der Gedenkstätte Deutscher Widerstand, Gili Diamant und Dr. Irena Steinfeldt von Yad Vashem, Dr. Irene Messinger (Wien), Prof. Dr. Peter Wien (Maryland), Prof. Dr. David Motadel (LSE), Dr. Jani Pietsch, Dieter Szturmann, Elisabeth Weber, Sabine Mülder und Dr. med. Karsten Mülder – ihnen kommt das Verdienst zu, die Geschichte Helmys überhaupt entdeckt zu haben –, Amgad Youssef (Kairo), Doris Saleh, Kirsten Grieshaber, Barbara Wenner, Katja Riedel, Kathrin Liedtke und nicht zuletzt Ulrike, die als erste Leserin das Manuskript entscheidend verbessert hat.